教えて南部先生!

18歳から知っておきたい
憲法改正国民投票法

南部義典 著

C&R研究所

はじめに

　1946年11月3日に公布され、翌47年5月3日に施行された日本国憲法は、まもなく「80年」の節目を迎えます。

　いま、この節目を控える中、憲法改正の要否をめぐる議論の潮流がポジティブに展開しています。特定の政治的イデオロギーを自らの寄辺とすることなく、時代の変化に即応したテーマ選択を以て、改正の意義と効果を全方位的に考える議論が拡がってきているのです。

　具体的には、①ICT（Information & Communication Technology：情報通信技術）、AI（Artificial Intelligence：人工知能）が著しい発達と社会実装を遂げる中で、個人の思想形成、意見発信の自由はどのように保障されるべきか、②家族観が個人本位のものへと変化し、受容、定着の兆候が生まれつつある中で、同性婚、同性カップルの権利の保障はどうあるべきか、③ロシアによるウクライナ侵攻など主権国家間の戦争、紛争ないし対立が収まらない状勢で、日本が今後択ぶべき安全保障政策、国際社会で果たすべき役割はどのようなものか（志向すべき「法の支配」とは何か）などを巡って、従来の定説に必ずしも拘らない多種多様な意見が交錯しています。とりわけ10代、20代の若い世代が、国のガバナンスを定める憲法の本来的意義、機能を再確認しつつ、これからも守るべき憲法的価値、憲法が未来に向けて果たすべき役割について、自らの言葉で積極的な主張を始めている姿に、筆者は無上の頼もしさを覚えます。

■ 公平、公正な手続ルールの重要性

　そんな「未来請負人」の肩書を持つ皆さんに、一層の関心を持って、議論のエネルギーを注いでいただきたいのが「国民投票法（日本国憲法の改正手続に関する法律）」です。

　2007年5月18日に公布され、3年後の2010年5月18日に施行された国民投票法は、憲法よりも遥かに歴史が浅く、世代的には皆さんに近いといえます。日本では憲法改正国民投票の実例が無いこともあり、一般的には馴染みのない法律の部類に含まれますが、⑴投票権を有する者の範囲、⑵賛成・反対の投票勧誘運動に対する規制、⑶投票期日、⑷投票方式、⑸開票の手続などを定める重要な憲法附属法（憲法が規定する内容を具体的に定める法律）です。

スポーツ競技とも相似していますが、適用されるルールの内容を理解してこそ、憲法改正国民投票という主権国家の最大イベントに、強い主体性と高い問題意識を持って参画することができます。「単なる手続法ではないか」と思われるかもしれませんが、この点もスポーツ競技と同様、ルールの設定次第でパフォーマンスの内容、有利・不利のバランスに大きく影響する（結果が変わり得る）ことを想像してみて下さい。「適用されるルールは、果たして公平、公正なものといえるのか」という視点を一人ひとりが持つことが重要なのです。結果が確定した後に、ルール内容の当否を問題視しても「後の祭り」です。

■■「国民投票とDX」を解決に導く、主権者力

　何より、本書を執筆する動機の一つですが、制度上に残された課題の解決のために、皆さんの知恵と行動の発揮が求められていることを訴えます。一例を挙げれば、国民投票とDX（論点のデジタル化対応）というテーマがあります。

　まず、国民投票法の制定段階、そして制定後しばらくは、憲法改正案に対する賛成投票、反対投票を勧誘する「広告」の規制をめぐる議論は、テレビ、ラジオの放送上のものが対象でしたが、現在では、デジタル広告（インターネット広告）を指す文脈でその多くが語られます。また、第7章で個別に触れますが、インターネット（SNS）上は偽・誤情報と隣り合わせであり、「著名人なりすまし広告詐欺」等も社会問題化しています。進化を遂げる生成AIは、その功罪両面が語られつつ、「ディープフェイクの大衆化」への警鐘を込めて一定の規制を求める声が高まり、政府は具体的な検討、法整備に着手しています。

　皆さんもすでに実感しているとおり、今や、デジタルプラットフォーム事業者、AI事業者の責任やユーザーリテラシーが、直に問われる時代です。そんな中、デジタル言論空間で「真実をまとった偽情報」が無数に飛び交い、結果に対して決定的な影響を与える昨今の大型選挙では「民主主義のディストピア（反理想社会）化」が指摘されるなど、懐疑的、批判的な見方が拡がりをみせています。選挙、国民投票をめぐっては、今後も想像を超える混乱、動揺を覚悟しなければならないでしょう。

残念なことに、国民投票法をめぐる現状は、制度改革各論のデジタル化対応が総じて遅れ、必要な検討、法整備が長期間にわたって足踏みしています。誤解を恐れず言えば、このままでは国民主権主義、民主主義のベクトルが、始点から丸ごと動揺し、国としての方向性、安定性を回復できなくなってしまいます。「現在のデジタル言論空間において、憲法改正国民投票の公平、公正を確保できるのか」という根本的な問いに対して、私たちが妥当な解決策を共有できるのは、一体いつの日でしょうか。

　国民投票法の歴史が教示するように、制度全体をバージョンアップするには、政党間合意形成の過程で相当な根気（政治的粘り強さ）が求められ、想像以上に時間を要します。

　必要な制度改革を成し遂げられるかどうか、究極的には皆さんの「主権者力」にかかっています。完璧無双なルールを自動的に生成し、適用するシステムは世の中に存在しませんが、地道な努力を積み上げれば、「立場、見解の相違を乗り越えて、誰もが納得できる公平、公正なルール」を整え、十分に慣らすことができます。まさに、民主主義社会において欠くことのできない営為です。

　冒頭第一文で「まもなく」という副詞を当てましたが、思考を止めている間にも、時は無情に過ぎていきます。立憲主義の維持、発展を念頭に、新たなルールづくりに向けた手がかりとして、本書を活用していただくことを切に願っています。

2025年2月
南部　義典

■本書について

● 本書で扱う主な法令は、表のとおりです。

■ 法令名（公布日・番号）	■ 略称
日本国憲法の改正手続に関する法律(2007年5月18日法律第51号)	国民投票法(2007年制定法)
日本国憲法の改正手続に関する法律の一部を改正する法律(2014年6月20日法律第75号)	2014年改正法(第1次改正法)
日本国憲法の改正手続に関する法律の一部を改正する法律(2021年6月18日法律第76号)	2021年改正法(第2次改正法)
国会法(1947年4月30日法律第79号)	―
日本国憲法の改正手続に関する法律施行令(2010年5月14日政令第135号)	国民投票法施行令
日本国憲法の改正手続に関する法律施行規則(2010年5月14日総務省令61号)	国民投票法施行規則
衆議院規則(1947年6月28日議決)	衆規則
衆議院憲法審査会規程(2009年6月11日議決)	衆規程
参議院規則(1947年6月28日議決)	参規則
参議院憲法審査会規程(2011年5月18日議決)	参規程
■ 関係する法律（公布日順）	
民法(1896年4月27日法律第89号)	―
明治三十五年法律第五十号(年齢計算ニ関スル法律)(1902年12月2日法律第50号)	年齢計算に関する法律
国家公務員法(1947年10月21日法律第120号)	―
政治資金規正法(1948年7月29日法律第194号)	―
教育公務員特例法(1949年1月12日法律第1号)	―
公職選挙法(1950年4月15日法律第100号)	―
放送法(1950年5月2日法律第130号)	―
国会議員の選挙等の執行経費の基準に関する法律(1950年5月15日法律第179号)	執行経費基準法
地方公務員法(1950年12月13日法律第261号)	―
国会議員の選挙等の執行経費の基準に関する法律及び公職選挙法の一部を改正する法律(2019年5月15日法律第1号)	2019年公選法等改正法
国会議員の選挙等の執行経費の基準に関する法律及び公職選挙法の一部を改正する法律(2022年4月6日法律第16号)	2022年公選法等改正法
特定デジタルプラットフォームの透明性及び公正性の向上に関する法律(2020年6月3日法律)	特定デジタルプラットフォーム取引透明化法
法人等による寄附の不当な勧誘の防止等に関する法律(2022年12月16日法律第105号)	不当寄附勧誘防止法
特定電気通信による情報の流通によって発生する権利侵害等への対処に関する法律(2024年5月17日法律第25号)	情報流通プラットフォーム対処法

● 本書で引用する法令、インターネット情報は、2025年2月10日時点の内容です。法令の最新の内容は「e-Gov法令検索」https://elaws.e-gov.go.jp/をご参照ください。

● 懲役、禁錮を「拘禁刑」に一本化する改正刑法等が2025年6月1日に施行されることを踏まえ、本文中に引用する罰則規定に関しては、すべて「拘禁刑」に差し替えて表記しています(刑法等の一部を改正する法律の施行に伴う関係法律の整理等に関する法律(2022年6月17日法律第67号)第174条等)。

● 国民投票法第140条【特別区等に対する適用】、国民投票法施行令第140条【特別区に対する市に関する規定の適用】の規定により、市に関する規定は「特別区」に適用され、指定都市の区(総合区)は市とみなされます。条文中の「市町村」との文言は、本文中に引用する限りで「市区町村」と改めます。

● 本書は「改訂新版 超早わかり国民投票法入門」の内容に加筆修正を加えて改訂したものです。

●本書の内容についてのお問い合わせについて

この度はC&R研究所の書籍をお買いあげいただきましてありがとうございます。本書の内容に関するお問い合わせは、「書名」「該当するページ番号」「返信先」を必ず明記の上、C&R研究所のホームページ(https://www.c-r.com/)の右上の「お問い合わせ」をクリックし、専用フォームからお送りいただくか、FAXまたは郵送で次の宛先までお送りください。お電話でのお問い合わせや本書の内容とは直接的に関係のない事柄に関するご質問にはお答えできませんので、あらかじめご了承ください。

〒950-3122 新潟県新潟市北区西名目所4083-6 株式会社 C&R研究所 編集部
FAX 025-258-2801
『教えて南部先生！18歳から知っておきたい憲法改正国民投票法』サポート係

CONTENTS

- はじめに ………………………………………………………… 2
- 本書について …………………………………………………… 5

■第1章
憲法改正の手続と国民投票法

- 1-1　憲法第96条の内容 ……………………………………… 12
- 1-2　憲法改正の手続の流れ ………………………………… 14
- 1-3　憲法改正の形式的限界 ………………………………… 17
- 1-4　憲法改正の実質的限界 ………………………………… 19
- 1-5　国民投票法制の全体構造 ……………………………… 21

■第2章
憲法改正原案と憲法審査会

- 2-1　憲法改正原案の形式 …………………………………… 26
- 2-2　憲法改正原案の提出手続 ……………………………… 33
- 2-3　内容関連事項ごとの区分 ……………………………… 36
- 2-4　憲法審査会の組織と運営 ……………………………… 39
- 2-5　合同審査会の開会 ……………………………………… 43
- 2-6　憲法審査会に関する先例 ……………………………… 45
- 2-7　憲法改正原案の両院協議会 …………………………… 48

CONTENTS

■第3章
憲法改正の発議と国会による広報

3-1	憲法改正発議の手続	52
3-2	「総議員」の意義	54
3-3	国民投票広報協議会の組織	56
3-4	国民投票広報協議会の所掌事務	60
3-5	国民投票公報	62
3-6	憲法改正案広報放送	66
3-7	憲法改正案広報広告	68

■第4章
投票期日と投票権

4-1	投票期日の議決	72
4-2	国政選挙との同日執行	75
4-3	国民投票権年齢	78
4-4	選挙権との比較	80
4-5	投票に関する諸原則	82
4-6	投票人名簿等の調製	84
4-7	投票人名簿等の閲覧	88
4-8	期日前投票	91
4-9	不在者投票	94
4-10	在外投票	98

CONTENTS

■第5章
国民投票運動

5-1　国民投票運動の自由と限界 …………………………………………… 100
5-2　投票事務関係者に対する規制 ………………………………………… 104
5-3　特定公務員に対する規制 ……………………………………………… 106
5-4　一般職公務員、教員に対する規制 …………………………………… 107
5-5　広告放送規制 …………………………………………………………… 112
5-6　組織的多数人買収・利害誘導罪 ……………………………………… 122
5-7　投票の自由・平穏を害する罪 ………………………………………… 126
5-8　投票手続に対する罪 …………………………………………………… 128
5-9　国民投票寄附に対する規制 …………………………………………… 131

■第6章
投票・開票の手続と国民投票の結果

6-1　投票の手続 ……………………………………………………………… 138
6-2　開票の手続 ……………………………………………………………… 142
6-3　「過半数」の意義 ……………………………………………………… 145
6-4　国民投票無効訴訟 ……………………………………………………… 147
6-5　国民投票の執行に要する費用 ………………………………………… 150

■第7章
今後の課題

7-1　SNS上の偽・誤情報対策 ……………………………………………… 154

7-2	デジタル広告規制と情報公開、なりすまし勧誘広告対策	159
7-3	生成AIの利用と規制	165
7-4	国民投票運動主体の収支に関する規制	169
7-5	公務員の組織的運動に対する規制	175
7-6	国民投票の自由妨害罪の新設	177
7-7	絶対得票率要件の採用	180
7-8	選挙との制度間較差の解消	184
7-9	執行経費基準の法定	187
7-10	国民投票の対象拡大	189
7-11	憲法改正論議停滞の原因分析	193

■第8章
国民投票法の歴史 ―制定・改正の経緯―

8-1	政党間の合意形成と2007年の法制定	200
8-2	施行準備等に費やされた予算	206
8-3	2010年に生じた不完全施行状態	208
8-4	2014年改正(第1次)の概要	213
8-5	2021年改正(第2次)の概要	220
8-6	2024年に生じた不完全施行状態	225

■付録
国民投票法制関係年表

- ■ 国民投票法制関係年表 …………………………………… 228
- ■ おわりに …………………………………………………… 231

第1章

憲法改正の手続と国民投票法

1-1
憲法第96条の内容

> **ポイント**
>
> 憲法第96条は、(1)国会による憲法改正の発議、(2)国民の承認（国民投票における過半数の賛成）、(3)天皇による公布、といった憲法改正手続の骨組みを定めています。手続の内容を具体的に形付けるための「法律」が別に必要です。

1-1-1 「改正」の章にある条文

国民投票法は2007年5月14日に成立し、同月18日に公布されました（法律第51号）。国民投票法はなぜ制定されたのか（なぜ制定する必要があったのか）、その端緒は、憲法第9章「改正」の第96条に求めることができます。

> 第9章　改正
> 第96条【憲法改正の発議、国民投票および公布】
> ① この憲法の改正は、各議院の総議員の3分の2以上の賛成で、国会が、これを発議し、国民に提案してその承認を経なければならない。この承認には、特別の国民投票又は国会の定める選挙の際行はれる投票において、その過半数の賛成を必要とする。
> ② 憲法改正について前項の承認を経たときは、天皇は、国民の名で、この憲法と一体を成すものとして、直ちにこれを公布する。

第96条の第1項、第2項を通読すると、

○衆議院、参議院の総ての議員の3分の2以上の賛成で、憲法改正の発議と国民への提案が行われること、

○発議と提案の後に「国民投票」が行われ、「過半数の賛成」があれば、憲法改正が承認されること、

○承認された憲法改正は、天皇が公布すること、

を骨格として、憲法改正の手続が定められていることが分かります。

1-1-2　具体項目を定める法律の必要性

　第96条の骨格は1-1-1のとおりですが、判然としない点があります。例えば、

(1) 憲法改正の発議の後、どのくらいの期間を経て国民投票が行われるのか（投票期日はいつ、どのように定められるのか）、

(2) 投票資格者（有権者）となるための要件（年齢、居住期間などの積極要件、欠格事由などの消極要件）はどのようなものか、

(3) 選挙のように一定の運動規制が掛かるのか（運動の期間、時間、場所、方法、素材の数・種類、資金、収支公開など）、

(4) 投票用紙の様式、記載方法はどのようなものか（文字、記号のいずれによるか）、

(5) 第1項の「過半数」の分母の基準は何か（有権者数、投票総数、有効投票数のいずれによるか）、

(6) 開票の手続は、いつ、どこで、どのように行われ、国民投票の結果はどのように確定するのか、

といった点です。

　さらに、国会が憲法改正の発議をする前の手続に関しても、例えば、

(7) 議員が所属する議院に、憲法改正原案を提出する要件はどのようなものか（提出時に賛成議員は何名必要か）、

(8) 全面改正などを目的とした、「一括改正」の原案の提出は許されるのか（何が議決、投票の単位となるのか）、

(9) 衆議院、参議院において、どの会議体が憲法改正の原案を審査するのか（憲法問題に特化した常設の委員会を設けるのか）、

(10) (9)の会議体の規模はどのようなものであり、議事運営はどのように行われるのか（議事の表決は通常の多数決によるか）、

といった点が明らかではありません。

　憲法改正は、第96条を根拠に置きつつも、(1)から(10)までの点、その他さらに必要な事項を定める法律が無ければ（法律上の根拠が無いままでは）、手続を進めることができません。ここに、憲法自体が予定している改正の手続に関して、その具体的な内容を定める法律を整備する必要性が認められます。この点は、選挙の執行のために公職選挙法の制定が必要となることと同じです。

　前記の具体項目のうち、(1)から(6)までを定めるのが国民投票法であり、(7)から(10)までを定めるのが国会法です。

1-2
憲法改正の手続の流れ

> **ポイント**
>
> 国会で憲法改正案が議決された後、すぐに国民投票が執行されるわけではありません。また、改正の方向性を集約するまでも相当な期間を要する（現に要している）など、憲法改正の全行程は、通常の立法作業と比べて想像を超えた長さとなります。各党・会派は、「多人多脚走」に臨むという共通認識の下、議論を積み重ねていくことが肝要です。

1-2-1 想像を超えて長い、憲法改正までの全行程

1-1で、憲法第96条の内容を確認しました。憲法改正の手続は、(1)国会による憲法改正の発議（国民に対する憲法改正の提案）、(2)国民投票における国民の承認（過半数の賛成）、(3)天皇による公布と、3つの段階から成ります。

実際の憲法改正の手続は、次表で示すように22の段階（S1～S22）に分けることができます（国民投票法の制定は、ゼロの段階と整理しました）。各ステージの項目は、第2章以下で詳しく解説します。

●憲法改正の手続 ―衆議院先議・参議院後議の場合―

ステージ	項目	備考
S0	国民投票法の制定	2007年5月14日成立、18日公布。
S1	各党個別による、憲法改正項目の検討	←現在の段階
S2	各党共同による、憲法改正項目の協議	"多人多脚走"のスタートライン
S3	憲法改正原案の起草	議員との協議を踏まえ、法制局が担当。
S4	各党の了承手続	修正点があればS2、S3に戻る。
S5	憲法改正原案の共同提出	・内容関連事項ごとに区分 ・議員100名以上の賛成
S6	衆議院本会議における趣旨説明、質疑	
S7	衆議院憲法審査会における審査	会期を複数跨ぐことが想定されている。
S8	衆議院憲法審査会における採決	出席議員の過半数

ステージ	項目	備考
S9	衆議院本会議における審議	憲法審査会長報告、討論
S10	衆議院本会議における採決	・総議員（465名）の3分の2以上（310名以上）の賛成 ・欠席、棄権は「反対投票」と同じ意味
S11	参議院本会議における趣旨説明、質疑	
S12	参議院憲法審査会における審査	
S13	参議院憲法審査会における採決	出席議員の過半数
S14	参議院本会議における審議	憲法審査会長報告、討論
S15	参議院本会議における採決	・総議員（248名）の3分の2以上（166名以上）の賛成 ・欠席、棄権は「反対投票」と同じ意味 ・複数の会期に跨った場合は、参議院本会議における採決（S15）の後、衆議院に送付される。その会期内、衆議院の再度の議決により、憲法改正の発議（S16）となる。
S16	憲法改正の発議	同時に、国民への提案とみなされる。
S17	国民投票の期日の議決	・発議と同じ日を想定 ・60日以後180日以内
S18	憲法改正案の公示、国民投票期日の告示	発議当日の官報（特別号外）掲載を想定。
S19	国民投票運動	並行して、国会の「国民投票広報協議会」が活動する。
S20	国民投票の期日	期日前投票、不在者投票、在外投票も可能。
S21	憲法改正の成立	投票総数の過半数
S22	憲法改正の公布・施行	・公布は「直ちに」行われる ・多人多脚走（S2）の終了

1-2-2 始終支配する「多人多脚走」の理念

　憲法改正の手続では始終、「多人多脚走」の理念が支配します（S2～22）。
　多人多脚走とは、巷の運動会で行われる2人3脚走、3人4脚走などの総称です。複数名の組み合わせで一チームを結成し、横一列に並び、隣りの走者と片足ずつを結んでゴールを目指して走ります。チーム内では個々の歩走能力に較差があるため、最速者は最遅者にペースを合わせる必要があります。

誰か一人が実力どおりのフルスピードを出して、チームを先導することは困難です。

　何より、第一歩目に左右いずれの足を出すのか、全員の認識が一致していなければなりません（一致をみていないと、いきなり転倒します）。単独走ではゴールの順位を相争う関係に立ちますが、多人多脚走のメンバーはみな「同士」です。能力の違いを認めた上で、同じスピードで走ります。一人でもペースが乱れれば、全体が転倒し、失格となります。

　ここで多人多脚走の概念を提示する理由は、国会発議の要件（S10、S15）が関係しています。発議には、衆議院で310名以上、参議院で166名以上の議員の賛成が必要です。現在、自由民主党が衆参両院で「第一会派」の勢力を保持していますが、一党（会派）単独で発議要件を充たす議員数を有していません。連立内閣を組む公明党や、その他の政党・会派との協力関係が成立して初めて、発議要件をクリアすることができるのです。衆議院と参議院では会派の構成が異なり、多人多脚走の枠組みも異なったものとなるため、一方の議院で発議要件を充たしても、他方では充たせないことも起こり得ます。

　法的にも政治的にも、憲法改正の発議が単独走的なプロセスを辿ることは、通常想定されません。巷でよく言われてきたように、自由民主党だけを主語に置いた憲法改正論議に、現実性を認めることはできないのです。衆参いずれも「5人6脚走」「6人7脚走」程度の協走関係をイメージする必要があります。

1-2-3　多人多脚走に向き合っていない政党

　現状、各党・会派が個別に憲法改正提案を行いつつ、次段階の共同作業に入ることができるかどうかの局面に差し掛かっていますが（S1からS2への移行期）、客観的にはなお、多人多脚走のスタートラインに立っているとは認められません。一部の議員が議論を無理に主導しようとして、立場の違いを際立たせる事態が繰り返されるばかりです。議論の停滞を強行に突破しようとするほど周囲との摩擦を大きくし、合意形成をさらに遅延させるという「失敗の連鎖」が続いています。

　憲法改正論議が軌道に乗るようで乗らない（乗せることができない）のは、多人多脚走に向き合わない（そもそも、多人多脚走という発想を欠いている）政党、議員の態度にこそ根本的な原因があるのです（7-11-3で再掲）。

1-3

憲法改正の形式的限界

> **ポイント**
>
> 憲法改正は、その全面的な改正は許されず、部分的な改正のみ許されると解されます（形式的限界）。

■ 1-3-1　憲法の"全面改正"は許されない

　憲法は、前文に続き、第1章（天皇）から第11章（補則）まで全103か条からなる法典です。憲法を、第96条の定める手続に従って、丸ごと一括して、全面的に改正をすることができるかどうか、同条の解釈として従来から議論があるところです。

　争いありますが、憲法は、このような全面改正を許さないとする立場であると解されます。法形式上の根拠となるのが、憲法第96条第2項の「この憲法と一体を成すものとして」という文言です。英語の原文では、「as an integral part of this Constitution」となっています。

　現行の憲法に対して、新しい文言や条文を追加したり、条文の一部を削除することは、「一体を成すもの」の範囲内での改正といえます。しかし、全面改正は、条文のすべてが新しいものに、形式的に取って替わることになるので、「この憲法と一体を成すもの」には該らないのです。

　例えば、家屋の修繕か、建替えかの違いと比較するならば、全面改正は明らかに「建替え」です。修繕を何度も繰り返せば、建替えに近い結果にはなりますが、両者は元々、質的に異なります。

　全面改正は、憲法の改正ではなく（その限界を超え）、むしろ新しい憲法を制定する行為であると評価すべきです。

■ 1-3-2　"一部改正"を前提とする憲法と国民投票法

　国家が戦争に敗れ、占領された場合や、国内で大規模な革命行為が勃発し、憲法が機能停止に陥った場合などでは、新たな政治秩序を構築するため、旧憲法に替わる新憲法が制定されることがあります。しかし、憲法第96条は前節の意味における「改正」の手続を定めるものであり、通常、同条に従って（新憲法の）「制定」を行うことは、論理的に不可能です。

議論の第一歩はあくまで、現行憲法が有効に存続することを前提に、もし改正すべき点があるとすれば何か(どの規定か)、改正すべき点の具体的な条文案(イメージ)に関して、各党・会派の間で幅広い合意を得られるのかといった視点を共有しつつ、静かに踏み出す必要があります。憲法改正の方式としては、一部改正(個別改正)だけが許されます。

●憲法の全面改正と一部改正

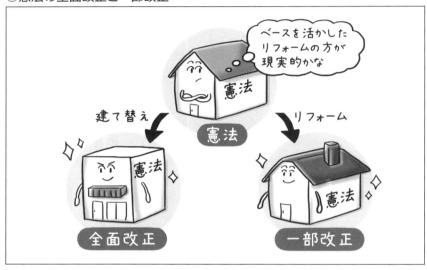

1-4
憲法改正の実質的限界

> **ポイント**
> 憲法改正には、一部改正のみ許されるという形式的限界に加えて、内容上の限界(実質的限界)もあると解されます。

1-4-1 「内容上の限界」もある憲法改正

1-3では、憲法の全面改正は論理的に認められず、一部改正のみが許されることを解説しました。これは、憲法改正の形式上の問題(限界)です。

それでは、一部改正の形式であれば、どのような内容の改正でも許されるのでしょうか。外国の憲法には「改正禁止条項」を置いている例がありますが(フランス憲法第89条第5項、イタリア憲法第139条、ドイツ基本法第79条第3項など)、日本国憲法にはそのような規定は存在しません。憲法第96条の手続に従っても、改正してはいけない規定があるのかどうか、問題となります。

この点は、憲法が制定された時点で、どのような基本理念が採用されたか、その上で、憲法の前文、憲法の各章、各条がどのような内容、位置付けになっているのか、憲法第96条との関係で理解する必要があります。

憲法前文の第一文(冒頭の一文)は、次のように憲法制定の基本理念を謳っています。

〔前文・第一文〕
　日本国民は、正当に選挙された国会における代表者を通じて行動し、われらとわれらの子孫のために、諸国民との協和による成果と、わが国全土にわたって自由のもたらす恵沢を確保し、政府の行為によって再び戦争の惨禍が起ることのないやうにすることを決意し、ここに主権が国民に存することを宣言し、この憲法を確定する。そもそも国政は、国民の厳粛な信託によるものであって、その権威は国民に由来し、その権力は国民の代表者がこれを行使し、その福利は国民がこれを享受する。これは人類普遍の原理であり、この憲法は、かかる原理に基くものである。われらは、これに反する一切の憲法、法令及び詔勅を排除する。

前文の第一文で示されているように、憲法は、国民の権利・自由を保障することを究極の目的とし、国の統治のあり方を決めるルールとして制定されています。主語（主体）は「日本国民」です。この基礎にある考え方が「立憲主義」です。すなわち、公権力行使の限界を定めることに、憲法の本質があります。「憲法制定の基本理念は不変である」という前提で憲法全体を見渡すと、改正が許されない内容は、次のように考えられます。

1-4-2　改正が許されない基本原理

第一に、国民主権の原理が挙げられます。大日本帝国（明治）憲法では、天皇が主権者でしたが、日本国憲法では天皇に替わって、国民が主権者となりました（八月革命説）。憲法をいったん制定した後、その力は「憲法を改正する権利」として形を変えています。憲法改正権の行使を通じて、国民主権の原理を否定することは、主権者としての属性ないし性格を「自己否定」することになってしまいます。これは法理に反し、許されません。

第二に、国民主権の原理に密接に結びついている、自由主義、人権尊重主義、平和主義、民主主義、権力分立主義といった基本原理も、改正することはできません。1946年当時、制憲者であった国民の意思に反し、憲法の根幹にある理念ないし価値を棄て、その実質を変えてしまうことになるからです。逆に、基本原理を維持する範囲内での改正であれば許される、と解されます。

第三に、条文中、「永久に」という文言を含む憲法第9条第1項、第11条および第97条の規定です。例えば、第11条の後段は「この憲法が国民に保障する基本的人権は、侵すことのできない永久の権利として、現在及び将来の国民に与へられる。」と定めています。憲法制定時に「永久の権利」と定めたものを、一定期間が経過した後、権利の性格を変え、その永久性を否定してしまうことは、論理的に相容れず、成り立ちません。

以上のとおり、憲法改正には内容上の限界があり、憲法第96条が定める手続によっても改正することができない基本原理、規定がある（第96条よりも上位にある概念）と解されます。その帰結として、国会議員は、憲法改正の内容上の限界を超える憲法改正原案を提出することは許されません。

1-5 国民投票法制の全体構造

ポイント

国民投票法、国会法が、憲法改正に関する手続の全項目を規定し尽くしているわけではありません。規則、規程など下位の法令を含め、法制度は重層的な構造となっています。

1-5-1 各章・各節の見出し

まず、国民投票法の全体構造です。各章・各節の見出しは、次のとおりです。

【国民投票法】
第1章　総則（第1条）
第2章　国民投票の実施
　第1節　総則（第2条～第10条）
　第2節　国民投票広報協議会及び国民投票に関する周知（第11条～第19条）
　第3節　投票人名簿（第20条～第32条）
　第4節　在外投票人名簿（第33条～第46条）
　第5節　投票及び開票（第47条～第88条）
　第6節　国民投票分会及び国民投票会（第89条～第99条）
　第7節　国民投票運動（第100条～第108条）
　第8節　罰則（第109条～第125条の2）
第3章　国民投票の効果（第126条）
第4章　国民投票無効の訴訟等
　第1節　国民投票無効の訴訟（第127条～第134条）
　第2節　再投票及び更正決定（第135条）
第5章　補則（第136条～第150条）
第6章　憲法改正の発議のための国会法の一部改正（第151条）
附則

国民投票法は、6つの章と附則から成り立っています。条文数の上では、第2章「国民投票の実施」がその大半を占めます。投票人名簿・在外投票人名簿の調製、投票・開票の手続に関する規定など、実務的な内容です。

　さらにその細則は、内閣が定める命令（政令＝国民投票法施行令）、総務大臣が定める命令（総務省令＝国民投票法施行規則）が定めています。国民投票法施行令、同施行規則の各章・各節の見出しは、次のとおりです。

【国民投票法施行令】
第1章　投票区及び開票区（第1条・第1条の2）
第1章の2　投票人名簿（第1条の3～第11条）
第2章　在外投票人名簿（第12条～第33条）
第3章　投票
　第1節　投票所における投票（第34条～第59条）
　第2節　共通投票所（第59条の2～第59条の4）
　第3節　期日前投票（第60条～第63条の2）
　第4節　不在者投票（第64条～第93条）
　第5節　在外投票（第94条～第107条）
第4章　開票（第108条～第122条）
第5章　国民投票分会及び国民投票会（第123条～第135条）
第6章　補則（第136条～第150条）
附則

【国民投票法施行規則】
第1章　投票人名簿（第1条～第3条の3）
第2章　在外投票人名簿（第4条～第20条）
第3章　投票所における投票（第21条～第23条）
第4章　期日前投票及び不在者投票（第24条～第55条）
第5章　在外投票（第56条～第65条）
第6章　開票並びに国民投票会及び国民投票分会（第66条・第67条）
附則

　国民投票が実際に執行される場合には、国（総務省）から全国の自治体に対して、通知が発出されることもあります。

1-5-2　国会法の一部改正も含む

　国民投票法第6章のタイトルは「憲法改正の発議のための国会法の一部改正」です。国会法の改正部分は、憲法改正原案の提出と審査、憲法審査会、国民投票広報協議会に関する規定などです。

　2007年制定法が国会法の改正を含めたのは、2006年の立案当時、ある「政治的難題」が指摘されていたからです。

　それは、憲法第96条に関してですが、①国会が憲法改正の発議（国民への提案）をするまでの手続（第1項前段）は国会法が、②発議後、国民投票が行われ、国民の承認を経た場合の公布の手続まで（第1項後段、第2項）は国民投票法が規律するという法律上の「守備範囲」の整理が事前になされていたものの、①の国会法改正案の審査は衆参の議院運営委員会が（衆規則第92条第16号、参規則第74条第16号）、②の国民投票法案（新規）の審査は衆参の日本国憲法に関する調査特別委員会が別々に所管し、法案審査が分離されてしまうという問題が懸念されていたのです。

　国会法改正と国民投票法の制定の時期が一致せず、両者が一体として整備されないことになると、「半分未完」の中途半端な手続法制が出来上がってしまうリスクが認識されていました。

　各党・会派における協議と調整の結果、国会法改正部分を国民投票法に取り込む（法案の数を一つとする）ことによって、日本国憲法に関する調査特別委員会に法案審査を一元化することで合意が整いました。国民投票法第6章は、前記の難題解決の名残です。

1-5-3　議事運営等に関するルール

　改正された部分を含め、憲法改正の発議に至るすべての手続を国会法が定めているわけではありません。

　国会法とは別に衆議院規則、参議院規則で関係項目が定められているほか、憲法審査会の組織、議事運営等に関して、衆参各院で「憲法審査会規程」が制定されています。

　全体は、図のような重層構造です。

●国民投票法制の全体構造

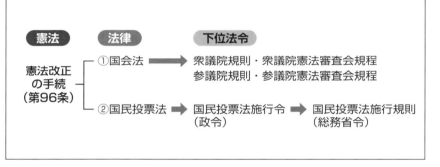

第2章

憲法改正原案と憲法審査会

2-1

憲法改正原案の形式

> **ポイント**
>
> 憲法改正原案は、衆参の議員が憲法改正案の原案として審査を行うため、その所属する議院に提出する議案です。憲法改正原案は、⑴本文、⑵附則、⑶理由の3項目から構成されます。改正の内容は、⑴本文の中に示されています。

2-1-1 憲法改正原案とは

　憲法改正原案とは、衆参の議員がその所属する議院に提出する「日本国憲法の改正案の原案」のことです（国会法第68条の2）。法律案、予算、条約などと並んで、国会で扱われる議案の一形式です。

　正規の手続を経て提出されたことは一度も無く、憲法審査会における審査の実績もありませんが、その形式を具体的にイメージしていただくために、以下の案を例示します。

◆ 例① 同性婚の明確化

　憲法第24条第1項は「婚姻は、両性の合意のみに基いて成立し、夫婦が同等の権利を有することを基本として、相互の協力により、維持されなければならない。」と定めています。「両性」「夫婦」という文言が示すように、異性婚（男性と女性による婚姻）を念頭に置いた規定であると伝統的に理解されています（この点、憲法第42条等で「両議院」という文言が出てきますが、衆議院、参議院という二つの機関を指しています。異なるものどうしを合わせ示す場合に、憲法は「両」の一字を当てています）。現行憲法よりはるかに古く、1896年4月に制定され、その後幾度となく家族法制が改正された民法（第4編）、戸籍法も、異性婚を前提とした規定を置いています。

　しかし近年、個人の価値観、生活様式が多様化する中で、同性カップルが家族体を形成し、一定の相互協力の下で生活を営む例が増えてきています。国の法令レベルで同性婚は認められていないものの、福祉、社会保障の場面等における差別、不平等を生み、固定化させないよう、自治体の条例レベルで「同性パートナーシップ」を容認する例も出てきています。憲法上、婚姻の自

由をさらに徹底し、同性婚の権利保障を明確化すべきとの主張が高まるのは、時代の潮流として自然なことと解されます。同性婚のみを認める戸籍法等の規定を「違憲」と判断した福岡高裁判決（2024年12月13日）等も、社会の変化を適切に汲み取ったものと評価できます。

　憲法改正に拠る解決も提案されています。国民民主党憲法調査会「憲法改正に向けた論点整理」（2020年12月4日）では、憲法第24条第1項の「両性」および「夫婦」を「両者」（性の別を問わない）と改正する内容です。これを例①として示します。

> （本文）
> 　日本国憲法の一部を次のように改正する。
> 　第24条第1項中「両性」及び「夫婦」を「両者」に改める。
> （附則）
> 第1条【施行期日】　この憲法改正は、公布の日から1年を経過した日から施行する。ただし、次条の規定は、公布の日から施行する。
> 第2条【施行に必要な準備行為】　この憲法改正を施行するために必要な法律の制定及び改廃その他この憲法改正を施行するのに必要な準備行為は、この憲法改正の施行の日よりも前に行うことができる。
> （理由）
> 　近年、個人の価値観、生活様式が多様化し、家族のあり方について社会の意識が大きく変化している中において、異性間によるもののほかに、同性間による婚姻を認める必要がある。これが、この憲法改正原案を提出する理由である。

◆ 例② 教育の充実

　自由民主党憲法改正推進本部（2021年11月に「憲法改正実現本部」と改称）は、国民誰もが家庭の経済事情に左右されることなく、質の高い教育を享受できる社会を構築する必要があるとし、憲法第26条および第89条の改正を提案しています（「憲法改正に関する議論の状況について」2018年3月26日）。第26条に第3項を追加し、公の支配を「公の監督」と改めることで（第89条）、公費の濫用を防ぎつつ、教育事業に対してより広範な支出を可能とする趣旨が込められています。

複数の条文改正が、一本の憲法改正原案に含まれる例です。

(本文)
　日本国憲法の一部を次のように改正する。
　第26条に次の一項を加える。
　3　国は、教育が国民一人一人の人格の完成を目指し、その幸福の追求に欠くことのできないものであり、かつ、国の未来を切り拓く上で極めて重要な役割を担うものであることに鑑み、各個人の経済的理由にかかわらず教育を受ける機会を確保することを含め、教育環境の整備に努めなければならない。
　第89条中「公の支配に属しない」を「公の監督が及ばない」に改める。
(附則)
第1条【施行期日】　この憲法改正は、公布の日から1年を経過した日から施行する。ただし、次条の規定は、公布の日から施行する。
第2条【施行に必要な準備行為】　この憲法改正を施行するために必要な法律の制定及び改廃その他この憲法改正を施行するのに必要な準備行為は、この憲法改正の施行の日よりも前に行うことができる。
(理由)
　幼児教育から高等教育に至るまで教育が果たすべき役割の重要性に鑑み、その環境整備を一層充実させる必要がある。これが、この憲法改正原案を提出する理由である。

2-1-2　条文数が多い例（緊急事態条項）

　いわゆる緊急事態条項に関して、自由民主党も先立って提案をしていますが、本節では日本維新の会、国民民主党、有志の会（衆議院会派）の2党1会派が2023年6月19日に公表した案（維国有案）を例示します。

　維国有案は、完成された原案ではなく、その前段階である「条文イメージ」にとどまっています。具体的には、Ⅰ. 緊急事態条項（国会議員の任期の延長その他の国会機能維持）では、「国会議員の任期延長」「国会の閉会及び衆議院の解散の禁止」「憲法改正の禁止」の3つの条文が追加され、Ⅱ. 平時をも含めた措置（国会機能維持）では、第53条、第54条の改正を含み、Ⅲ. 平時をも含めた措置（人権保障の徹底）では、第13条、第18条、第19条、第20条お

よび第21条の改正を含む内容です。
　以下、改正後の条文として例示します。Ⅱ、Ⅲでは、下線部分が改正される箇所です。

　Ⅰ．緊急事態条項（国会議員の任期の延長その他の国会機能維持）

第○条【国会議員の任期延長】＊新規
① 我が国に対する外部からの武力攻撃、内乱等による社会秩序の混乱、地震等による大規模な自然災害、感染症の大規模なまん延その他これらに匹敵する緊急事態により、選挙の一体性が害されるほどの広範な地域において衆議院議員の総選挙又は参議院議員の通常選挙の適正な実施が70日を超えて困難であることが明らかとなつたときは、国会の議決により、当該総選挙又は通常選挙に係る衆議院議員又は参議院議員の任期は、これらの選挙を適正に実施することができるまでの間において当該国会の議決で定める期間、延長される。この場合において、その延長の期間は、6月を超えることができない。更に延長されるときも、同様とする。
② 前項の国会の議決は、同項に規定する選挙の適正な実施が困難である旨の内閣の発議を受けて、各議院の出席議員の3分の2以上の多数によることを必要とする。
③ 第1項の国会の議決をする場合において、衆議院議員又は参議院議員の任期が解散又は任期満了により既に終了しているときは、同項の国会の議決をするため必要な限度において、当該任期は終了していないものとみなす。この場合において、同項の国会の議決があつたときは、当該任期は同項の規定により延長される。
④ 第1項の国会の議決があつたときは、第54条第1項の規定中総選挙の期日に係る部分は、適用しない。
⑤ 衆議院議員又は参議院議員の任期が延長されている間に、その総選挙又は通常選挙を適正に実施することができると認めるに至つたときは、国会は、直ちに、その議決により当該任期の終了の期日を定めなければならない。

第○条【国会の閉会及び衆議院の解散の禁止】＊新規
① 我が国に対する外部からの武力攻撃、内乱等による社会秩序の混乱、地震等による大規模な自然災害、感染症の大規模なまん延その他これら

に匹敵する緊急事態により、国民生活及び国民経済に甚大な影響が生じている場合又は生ずることが明らかな場合において、当該事態に対処するために国会の機能を維持する特別の必要があるときは、内閣は、国会の承認を得て、緊急事態の宣言を発する。この場合において、緊急事態の宣言の期間は、6月を超えることができない。当該宣言を延長するときも、同様とする。

② 前項に規定する特別の必要があると認められるにもかかわらず、内閣が緊急事態の宣言を発しない場合において、国会がその発出を議決したときは、内閣は、前項の緊急事態の宣言を発しなければならない。

③ 緊急事態の宣言が発せられている間は、国会は閉会とならず、また、衆議院は解散されない。

④ 内閣は、緊急事態の宣言の必要がなくなつたときは、国会の承認を得て、当該宣言を解除する。また、国会が当該宣言の解除を議決したときは、直ちに、当該宣言を解除しなければならない。

⑤ 衆議院議員又は参議院議員の任期が延長されている間は、緊急事態の宣言が発せられているものとみなす。

第〇条【憲法改正の禁止】＊新規

　緊急事態の宣言が発せられている間は、第96条の規定にかかわらず、国会による憲法改正の発議及びその国民の承認に係る投票は、行うことができない。

Ⅱ. 平時をも含めた措置（国会機能維持）

・臨時会召集要求に係る召集期限の明記

第53条【臨時会】

　内閣は、国会の臨時会の召集を決定することができる。いずれかの議院の4分の1以上の要求があれば、内閣は、その要求の日から20日以内に臨時会を召集することを、決定しなければならない。

・参議院の緊急集会に関する改正（任期満了時における開催の明記）

第54条【参議院の緊急集会】

① 衆議院が解散されたときは、解散の日から40日以内に、衆議院議員の

総選挙を行ひ、その選挙の日から30日以内に、国会を召集しなければならない。
② 衆議院が解散されたときは、参議院は、同時に閉会となる。
③ 前項に規定する場合において、国に緊急の必要があるときは、内閣は、参議院の緊急集会を求めることができる。衆議院議員の任期満了後に総選挙が行われる場合において、国に緊急の必要があるときも、同様とする。
④ 前項の緊急集会において採られた措置は、臨時のものであつて、次の国会開会の後10日以内に、衆議院の同意がない場合には、その効力を失う。

Ⅲ. 平時をも含めた措置（人権保障の徹底）

第13条【個人の尊重と公共の福祉等】
① すべて国民は、個人として尊重される。生命、自由及び幸福追求に対する国民の権利については、公共の福祉に反しない限り、立法その他の国政の上で、最大の尊重を必要とする。
② この憲法が保障する自由及び権利の本質的な内容は、いかなる場合においても、絶対にこれを侵してはならない。この憲法が保障する自由及び権利に対する制約は、その目的が正当なものでなければならず、かつ、当該目的のため合理的に必要と認められる限度を超えてはならない。

第18条【奴隷的拘束及び苦役の禁止】
何人も、絶対にいかなる奴隷的拘束も受けない。また、犯罪による処罰の場合を除いては、その意に反する苦役に服させられない。

第19条【思想及び良心の自由】
思想及び良心の自由は、これを侵してはならない。内心の自由の侵害は、絶対にこれを禁ずる。

第20条【信教の自由】
① 信教の自由は、何人に対してもこれを保障する。内心における信仰の自由の侵害は、絶対にこれを禁ずる。いかなる宗教団体も、国から特権を受け、又は政治上の権力を行使してはならない。
② 何人も、宗教上の行為、祝典、儀式又は行事に参加することを強制されない。
③ 国及びその期間は、宗教教育その他いかなる宗教的活動もしてはならない。

> 第21条【集会、結社及び表現の自由と通信秘密の保護】
> ① 集会、結社及び言論、出版その他一切の表現の自由は、これを保障する。
> ② 検閲は、絶対にこれをしてはならない。通信の秘密は、これを侵してはならない。

　維国有案は今後、検討が進めば、(1)本文、(2)理由、(3)附則という構成を以て、憲法改正原案として整理、公表されることとなります。

　しかし、改正項目が多く、(1)本文では「‥の後に‥を加える」「‥を‥に改める」という法文独特の規定がかなりの数となるため、内容は複雑になります。例えば、第13条の改正では、「第13条を同条第1項とし、次の一項を加える。」として、第2項の条文が示されることになります。

　結局のところ、一般的には、原案の(1)本文そのものを読むより、改正後の内容を要約した「要綱」や、改正前後の条文を比較対照した方が理解し易いといえます。

2-2

憲法改正原案の提出手続

> **ポイント**
>
> 憲法改正原案を衆議院に提出する場合は100名以上、参議院に提出する場合は50名以上の議員の賛成が必要です(提出者と賛成者は区別されます)。内閣の提出権は否定に解されます。

■ 2-2-1　提出者とは別に、一定数以上の賛成者が必要

　衆議院議員、参議院議員が、その所属する議院に憲法改正原案を提出する手続(法律上、正しくは「発議」ですが(国会法第68条の2)、憲法改正の「発議」と紛らわしいため、本書では「提出」と言い換えます)について解説します。

　まず、言うまでもなく、衆議院と参議院は別の独立した組織であり、衆議院議員は衆議院に、参議院議員は参議院に、憲法改正原案を提出することができます。衆議院議員が参議院に憲法改正原案を提出することはできません。

　国会法は、憲法改正原案の提出者となる議員の数に、上限も下限も定めていません。理論上は議員1名でも可能ですが、1-2で解説したとおり、多人多脚走としての複数会派による共同提出が前提となります。衆議院も参議院も、複数会派による共同提出が前提となる点は同じです。

　イメージ的には、会派Aから4名、会派Bから3名、会派Cから2名、会派Dから1名、計10名の議員が共同提出をするといった具合に、複数会派による行為となります。通常の法律案と同様、一定規模の会派からは2名以上の議員が提出者に名を連ねます。複数名いないと、衆参の本会議における憲法改正原案の趣旨説明・質疑や憲法審査会における憲法改正原案の審査が行われる間、1名の提出者が所属会派を代表して、すべての答弁を担当しなければならなくなり、過重な負担が掛かってしまいます。

　憲法改正原案を提出するには、提出者とは別に、一定数以上の賛成者が必要です。衆議院では100名以上、参議院では50名以上を要します(国会法第68条の2)。提出者、賛成者の双方が揃えば、事務的に各会派の国会対策委員会の了承を経て、所属議院の議長宛に憲法改正原案を提出することになります。

■ 2-2-2　合意対象は、改正案の本文に限られない

　憲法改正原案は複数会派による共同提出が前提ですが、提出会派間では憲法改正原案の内容だけ合意が整っていればよいわけではありません。他にも、共通認識を持っておくべき事項があります。

　第一に、憲法附属法の概要についてです。憲法改正原案の中に「法律の定めるところにより」という文言が出てくる例がありますが、この法律の内容について提出者間の認識が異なっていれば、本会議における憲法改正原案の趣旨説明・質疑や憲法審査会における憲法改正原案の審査の段階で答弁矛盾（認識の相違）が露呈することとなり、審査を混乱させる原因となります。

　第二に、国民投票で憲法改正案の承認が得られなかった場合の「政治的解決」のあり方についてです。原案例では示していませんが、近年議論の的となっている「（憲法第9条を改正し）自衛隊を明記する案」では、特に深刻な問題が発生します。改正案の承認が得られなかった場合、自衛隊の地位は変わらない（「戦力」には該らないものとして合憲）という現状維持的な立場もあれば、将来的に否定されるという立場もあり得ます。全提出者の見解が一致していなければ、審査段階で答弁矛盾が噴き出すのは時間の問題となります。仮に発議に漕ぎ付けても、国民投票において承認されないというリスクを抱えるのです。

■ 2-2-3　内閣の提出権は否定に解される

　政府見解は、内閣の憲法改正原案提出権を肯定しています。内閣総理大臣が内閣を代表して議案を提出する権限を定めた憲法第72条、内閣法第5条を根拠に『「議案」には憲法改正原案も含まれる』と解釈しています。また、内閣の提出権を肯定したとしても、当該憲法改正原案が憲法審査会に付託された後の手続は、議員が提出した場合と異ならず、国会の審議権を侵すことはなく問題はない、という点を根拠にしています。

　解釈論として内閣の原案提出権を肯定するとしても、実際に提出するかどうかは、別の問題です。政治論として、提出の可能性はゼロであると解されます。

　理由の第一は、専任の国務大臣を置く余裕がないという点です。内閣提出があった場合、衆参の憲法審査会の答弁は一般的には内閣官房長官が担うと考えられますが、複数の国会会期を跨ぐなどして審査が長期間になると、負

担が過重に掛かるばかりです。仮に、専任の国務大臣を置くとしても、通常、内閣提出の法律案、予算等の委員会審査（衆参ともに週2〜3回）の出席・答弁に掛かり切りになることを考慮すれば、到底、憲法審査会に臨む余裕はありません。時として、内閣総理大臣の出席が要求されることもあるでしょう。逆に言えば、内閣の負担が重くなればなるほど、通常の議案審査に遅れが生じるなど国会運営全体に支障が出るため、政府・与党自体が内閣提出に否定的な立場を採らざるを得ません。

　理由の第二は、野党会派の反発を招くという点です。「各議院の総議員の3分の2以上の賛成」という発議要件は通常、与党会派だけで充たせるものではありません。野党会派を外すという選択がかえって反発を招き、発議の政治的ハードルを上げる原因となってしまいます。

　内閣提出は結局、その実績を作るだけになります。発議失敗のリスクを高めるだけであれば、自制する方が政治的に賢明な判断となります。

2-3
内容関連事項ごとの区分

> **ポイント**
>
> 憲法改正原案は、内容に関連する事項ごとに区分して、提出する必要があります。内容関連事項に該るかどうかの判断は、提出する議員（会派）の裁量によります。

■ 2-3-1　一括りの憲法改正原案は許されない

　2-1で示した原案例①同性婚、②教育充実は、それぞれ別個の憲法改正原案であるという前提で解説しました。仮に、これらを効率よく改正しようと考えて、「同性婚＆教育充実」と一括りにし、本文、附則、理由もまとめて記して、1本の憲法改正原案として提出することは許されるのでしょうか。

　この場合に問題となるのは、国民投票法第47条が、投票人に対し、憲法改正案ごとに1枚の投票用紙を与え、投票を行わせること（一人一票）を定めているため、あまりにも内容が混在していると判断に迷ってしまい、「投票不能」という事態に陥りかねないことです。逆に言えば、投票用紙が1枚しか与えられないと、①②の「いずれも賛成」「いずれも反対」あるいは「棄権」という態度でしか、投票に臨めなくなってしまうのです。

　衆議院議員の総選挙のさい、投票所では、小選挙区選挙の投票用紙、比例ブロック選挙の投票用紙、さらに最高裁判所裁判官国民審査の審査用紙の3枚を個別に交付され、投票（審査）する場面を想起してください。このとき、1枚の用紙しか交付されなければ、まさしく投票（審査）不能となってしまいます。

■ 2-3-2　内容区分ルールの意義

　国会法第68条の3は、衆参議員が憲法改正原案を提出するに当たっては、「内容において関連する事項ごとに区分して行う」ことを定めています。これを内容区分ルールといいます。

　内容区分の判断は、Ⓐ個別の憲法政策ごとに民意を問うという要請、Ⓑ相互に矛盾のない憲法体系を構築するという要請、のバランスを取りながら判断されます。Ⓐは、できるだけ細かく区分すべきこと、Ⓑは、あまり細かく区

分しすぎないことを要請しています。内容区分ルールは、換言すれば、憲法改正原案の大きさの問題です。

　国民主権原理を重視すれば、主権者である国民の意思ができるだけ細かく、正確に、憲法（改正）に反映されることが求められます。逆に、多くの内容が盛り込まれた憲法改正原案は、国民の意思の反映を曖昧なものにし、その限りで国民主権原理を損ねることになります。

　憲法改正原案の提出以前の問題として、その作成に当たっては、あくまで、Ⓑの体系的な矛盾が生じる手前まで、Ⓐを厳格に当てはめていくことが基本です。内容関連事項の判断は、提出する議員（会派）の裁量によります。共同提出を予定する会派において、丁寧な合意形成が求められます。

　この判断基準に従えば、原案例①と②は、憲法政策上その内容が相異なることは明らかであり、1本の憲法改正原案として括って提出することはできません。

■ 2-3-3　「逐条ごと」の提出・投票を意味しない

　内容区分の判断は、前記ⒶとⒷのバランスによります。この点、憲法改正原案の提出（および国民投票）は、改正案の条文一つずつを対象（逐条ごと）に行われる（べき）とする言説を時折見かけますが、誤りです。ⒶとⒷのあてはめの判断の結果として「逐条ごと」になることはあっても、必然的にそうなるわけではありません。原案例②では、憲法第26条と第89条の改正がセットになっていますが、「教育の充実」という一つの憲法政策として内容上のまとまりがあるため、1本の憲法改正原案に含めることが許容されるのです。

■ 2-3-4　要件と効果の双方を含む緊急事態条項

　2-1-2で触れた、いわゆる緊急事態条項の新設を内容とする憲法改正案（条文イメージ）は、いかなる場合に緊急事態となるのかを定める規定（要件規定）と、緊急事態になった場合にいかなる効果が生じる（及ぶ）のかを定める規定（効果規定）から成ります。要件規定と効果規定は、論理の上で独立・無関係に存在することができないため（国民投票でいずれか一方のみ承認されても、憲法体系上、正常に機能しません）、憲法改正原案の形式上は必ず、一体のもの（内容上の関連性あり）として扱われます。

　なお、同例では、緊急事態条項とは別に、平時をも含めた措置として国会

機能維持(第53条等)、人権保障の徹底(第19条等)の改正条文が含まれています。この点、憲法政策の個別性を重視すれば、別の憲法改正原案として扱うべきとの判断に傾きますが、平時をも含めた憲法保障の強化を重視し、緊急時に備えるという意味で「内容において関連している」と判断することも否定されず、1本の憲法改正原案として扱い得るとの結論にも傾きます。

　特に、改正内容が多岐に及ぶ緊急事態条項で問題となりますが、最初から1本の憲法改正原案として提出し、その内容で発議し、国民投票に付す(1枚の投票用紙で賛成・反対を問う)プロセスもあり得るところ(一回方式)、慎重な姿勢に立って、発議、国民投票を順に行って、提案内容を実現することも考えられます(分割方式)。いずれにせよ、内容関連事項ごとの区分は、大きな政治判断が求められます。

2-4

憲法審査会の組織と運営

> **ポイント**
> 衆参の憲法審査会は、第179回国会(2011年10月20日召集)から始動しています。組織、運営のあり方は「憲法審査会規程」が定めています。

2-4-1　当初は「看板」だけ掛かっていた審査会

　国民投票法は、2007年5月18日に公布されました。憲法審査会の設置等に関する国会法の規定(第6章、第151条)は、憲法改正原案の提出等に関する一部の規定を除いて、「(法律の)公布後初めて召集される国会の召集日」すなわち第167回国会(臨時会)の召集日である2007年8月7日に施行されました。形式上はこの施行当日、衆参両院に憲法審査会が設置されたことになります(2007年制定法附則第1条但書)。

　しかし、憲法審査会の委員数、議事手続など、組織と運営に関するルールを定める「憲法審査会規程」の議決が衆参ともに遅れ、実際には第167回国会から始動しませんでした。言わば、衆参両院に憲法審査会という「看板」だけが掛かった状態に陥ったのです。

　その後長らく、憲法審査会規程の議決が行われないことが「立法不作為」に当たるといった指摘もなされる中、衆議院では2009年6月11日に、参議院では2011年5月18日にようやく憲法審査会規程が議決されました。憲法審査会は衆参揃って、第179回国会(臨時会、2011年10月20日召集)から始動しています。

2-4-2　憲法審査会の組織

　憲法審査会の委員数については、衆議院50人、参議院45人と定められています(衆規程第2条、参規程第2条)。

　この点、衆参の議員定数はそれぞれ465、248であることから(公職選挙法第4条第1項・第2項)、参議院憲法審査会の委員数は衆議院の半分程度でもよいとも考えられます。しかし、委員数の配分は議院の慣例上、会派所属議員数に按分して割り当てられることから、小規模な会派が多い参議院では、全体の委員数が少ないと委員を出せない会派が生じてしまいます。その

ため、他の常任委員会も同様ですが、参議院憲法審査会の委員数は多く設定されています。

憲法審査会には会長1名のほか、幹事数名が置かれます(衆規程第4条、第6条第1項、参規程第4条、第6条第1項)。幹事の数は、各議院の議院運営委員会が協議、決定します。現在、衆議院憲法審査会は9名、参議院憲法審査会は11名の幹事が与野党会派から互選されています。なお、野党第一会派の幹事(筆頭幹事)は慣例(幹事会の申合せ)により、会長代理に指名されます。

憲法審査会の運営について協議するため、幹事会(衆規程第6条第2項、参規程第6条第2項)、幹事懇談会ないし意見交換会が開かれます(不定期)。幹事懇談会は与党側、野党側に分かれて開かれることもあります。衆議院では第207回国会(臨時会)から第213回国会(常会)までの間、与党会派の外に一部の野党会派が参加する形で、「与党及び協力会派連絡会」が頻回に開催されました。

通常は、与党筆頭幹事と野党筆頭幹事による協議・合意に基づいて(筆頭間協議)、運営方針が実質的に決定されます。

2-4-3 憲法審査会の運営

憲法審査会の定足数(会議を開くのに必要な委員数)は、委員の過半数です(衆規程第10条、参規程第10条)。議事は、出席委員の過半数で決せられます(衆規程第11条、参規程第11条)。採決のさい、可否同数のときは、会長が決します。

憲法審査会には定例日(会期中)が設けられています。憲法調査会(2000～05年)の時代から続く慣例により、衆議院が木曜日、参議院が水曜日となっています。衆参いずれも例がありませんが、議案審査等を行う目的で小委員会を設けることができます(衆規程第7条、参規程第7条)。

2-4-4 議事運営上の特則

第一に、委員会審査省略制度の不適用が挙げられます。

国会法第56条第2項は「議案が発議又は提出されたときは、議長は、これを適当の委員会に付託し、その審議を経て会議に付する。但し、特に緊急を要するものは、発議者又は提出者の要求に基き、議院の議決で委員会の審査を省略することができる。」と規定しています。但書の部分は「委員会審査省

略」といい、議院運営委員会の協議・決定の下、法案を迅速に処理したい場合に用いられる手法です。国会法第102条の9は、委員会に関する規定の憲法審査会に対する準用を定めていますが、第56条但書を除外しており、審査省略を認めないこととしています（同様に、衆規程第26条は衆規則第111条を準用せず、参規程第26条は参規則第26条を準用していません）。憲法改正原案という議案の重要性、特殊性に鑑み、憲法審査会における慎重な審査を要求しているのです。

　第二に、中間報告制度の不適用が挙げられます。

　国会法第56条の3第1項は「各議院は、委員会の審査中の案件について特に必要があるときは、中間報告を求めることができる。」と規定しています。中間報告は、法案審査の途中打ち切りを狙って用いられることがある制度ですが、第102条の9は第56条の3の準用を外しています。憲法改正原案という議案の重要性、特殊性に鑑み、憲法審査会では十分に質疑を行い、終局させた上で、採決を行うべきことになります。

　第三に、憲法改正原案に関して、公聴会の開催を義務付けていることです（衆規程第17条第2項、参規程第17条第2項）。

　現行制度上、総予算、重要な歳入法案については公聴会の開催が義務付けられており（国会法第51条第2項）、憲法改正原案もこれらの扱いに倣うものです。

2-4-5　憲法審査会の所管事項　①法制調査

　憲法審査会は、「日本国憲法及び日本国憲法に密接に関連する基本法制の広範かつ総合的な調査」を行います（国会法第102条の6、衆規程第1条、参規程第1条）。

　前段の日本国憲法に関する調査は、かつて存在した憲法調査会、日本国憲法に関する調査特別委員会でも所管とされていました。憲法の各章、各条文について、将来の改正発議の可能性を排除せず、議論を幅広く行うことです。

　後段の日本国憲法に密接に関連する基本法制の調査ですが、その範囲がどこまで及ぶのかは一義的に決められず、他の常任委員会、特別委員会、調査会と競合することがあります。

　衆議院憲法審査会による法制調査の成果としては、憲法第56条第1項の「出席」の概念に関して、物理的な出席に加えて、いわゆる「オンライン出席

を含む」との解釈を「議論の大勢」として取りまとめ、議長に報告したことが挙げられます（2022年3月8日）。当時、新型コロナウイルス感染症のまん延によって、一部の議員が感染し、議場に足を運ぶことができない（欠席を余儀なくされる）ケースが生じており、定足数（総議員の3分の1以上）を満たさず、本会議を開くことができないリスク（法律案その他の議案の審議ができず、国会の機能が停止します）が懸念されていました。

2-4-6　憲法審査会の所管事項　②議案審査

　憲法審査会は、「憲法改正原案、日本国憲法の改正の発議又は国民投票に関する法律案等の審査」を行います（国会法第102条の6、衆規程第1条、参規程第1条）。

　憲法改正原案は、議員提出のものに限らず、憲法審査会という機関として提出することもできます。この場合は、憲法審査会長が提出者となります（国会法第102条の7第2項）。

　国会法第68条本文の規定により、会期中に議決に至らなかった案件はその次の会期に継続しないのが原則ですが（会期不継続の原則）、憲法審査会に付託された案件（憲法改正原案）については、閉会中審査の手続も要せず、自動的に継続されます（国会法第102条の9第2項、第68条ただし書）。閉会中審査とは、国会が閉会している間にも憲法審査会を開催して憲法改正原案の審査を進めるという趣旨ではなく、次に召集された会期に、審査を「継続」するための手続を指します。憲法改正原案の審査は元々、複数の会期を跨ぐことが想定されているのです。

　ただし、審査の途中で衆議院が解散された場合には、当該憲法改正原案は廃案となります。参議院議員の通常選挙（3年に1回の半数改選）の直前の常会でも、慣例に従えば、付託されている憲法改正原案を継続審査とする手続を取らず、廃案となります。

　「日本国憲法の改正の発議又は国民投票に関する法律案等の審査」ですが、国民投票法の改正は当然のこと、憲法改正の発議までの手続等に関する国会法の改正も、1-5-2で解説した制定経緯を踏まえれば、議院運営委員会ではなく憲法審査会で審査を行う余地が認められます。

　憲法改正以外に特定の国政問題の賛否を問う国民投票を実施する場合の法律案の審査は、憲法審査会の所管となります。

2-5

合同審査会の開会

> **ポイント**
>
> 衆参の憲法審査会は、審査等のために合同して会議を開くことができます。合同審査会には、各議院の憲法審査会に対する「勧告」の権限も認められていますが、法的拘束力はありません。

2-5-1 合同審査会の権限

　衆議院と参議院は、互いに独立した機関です。憲法審査会も別々に活動することが原則です（両院独立活動の原則）。

　しかし、国会法は、両院独立活動原則の例外となる「合同審査会」の制度を設けています（第102条の8）。衆参の憲法審査会は、憲法改正原案に関して、他の議院と協議の上、その決議を以て合同審査会を開くことができます（衆規程第24条、参規程第24条）。憲法改正原案が提出される前の段階で、憲法に関する広範かつ総合的な調査を合同で行うことも可能と解されます。

　合同審査会は、憲法改正原案に関し、衆参の憲法審査会に対して「勧告」を行うこともできます（国会法第102条の8第2項）。勧告のイメージとしては、「衆議院の憲法審査会は、。。のテーマに関する憲法改正原案について、調査、検討を進めること」といった内容で、原案の要綱、骨子を示すことです。憲法改正原案そのものを提示することは想定されていません。勧告には法的拘束力はなく、衆参の憲法審査会はその内容に縛られません。

2-5-2 制度上の意義

　合同審査会の制度が設けられた背景、その意義は、衆議院と参議院で憲法改正原案に関する議決の効力が異ならないよう（一方が修正議決、否決とならないよう）、あらかじめ調整する機関の必要性が立法当時、認識されていたことです。近年は特に、参議院の緊急集会（憲法第54条第2項・第3項）の権能、活動期間をめぐって衆参間で意見の対立が露呈しており、緊急事態における議員任期延長（前衆議院議員の身分の復活を含む）の議論をめぐって、いずれ合同審査会における調査等が求められるでしょう。

　また、衆参の憲法審査会が、同一の会期中に同一の案件で調査、審査を進

めると、後に非効率、不合理な事態を招くことがあります。例えば、衆参でそれぞれ同一内容の憲法改正原案を議決し、他の議院に送付したとしても、同一議案審議禁止のルールに抵触し、審議することができません（国会法第56条の4）。何を以て「同一議案」と判断するかにもよりますが、こうした不都合を回避するため、議論するテーマの「交通整理」をあらかじめ行い、憲法審査会の効率的な運営を確保することも合同審査会の目的の一つです。

憲法審査会は2011年10月から実質的に始動していますが、合同審査会は一度も開かれたことがありません。合同審査会を開くためには、憲法審査会に「憲法審査会規程」が整備されているように、「合同審査会規程」を衆参の本会議で議決する必要があります。会長・幹事に関する取り決め、議事運営の方法、勧告の手続等の細則を定めることになります。

●合同審査会の「勧告」

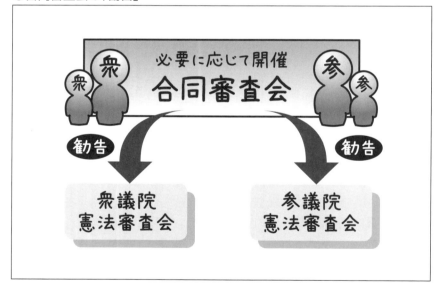

2-6 憲法審査会に関する先例

> **ポイント**
>
> 衆議院、参議院ともに、憲法審査会に関する先例が編さんされています。その内容は、将来にわたって、運営上の参考事例として考慮されることになります。

■ 2-6-1　先例の意義

　憲法審査会の組織、運営に関するルールは、国会法、衆参の議院規則および憲法審査会規程に定められています。これら明文化されたもののほか、衆参の先例にも憲法審査会に関する事項が記載されています。

　先例は、法律、規則、規程といった形式を採らず、法的拘束力を有しません。それゆえ、議事運営等の一定の指針を示しつつも、柔軟な運用を可能にします。先例に従った運営等が長期間繰り返されれば、慣行（慣例）として扱われます。

　現時点で憲法審査会に関する先例は、次に示すとおり、形式的な内容にとどまっています（規程の内容と重なるものも多くあります）。憲法改正原案の審査、2-5の合同審査会の運営の実績が生まれれば、将来、これらに関する事項が先例集（衆）、先例録（参）に追加されることになります。

■ 2-6-2　衆議院の先例

▼衆議院先例集　2017（平成29）年版

第12章　憲法審査会
149　日本国憲法及び日本国憲法に密接に関連する基本法制について広範かつ総合的な調査を行い、憲法改正原案、日本国憲法に係る改正の発議又は国民投票に関する法律案等を審査するため、憲法審査会が設置される。
150　憲法審査会委員の選任は、総選挙後の国会の始めに議事日程に記載して、これを行う。
151　憲法審査会委員は、各会派の所属議員数の比率による割当てに基づき、議長が指名する。

152　憲法審査会の会長は、審査会において互選し、その結果は、当日の衆議院公報に記載する。

153　憲法審査会の幹事互選の結果は、当日の衆議院公報に記載する。

▼衆議院委員会先例集　2017(平成29)年版

第11章　憲法審査会

285　憲法審査会は、日本国憲法及び日本国憲法に密接に関連する基本法制について広範かつ総合的な調査を行い、憲法改正原案、日本国憲法に係る改正の発議又は国民投票に関する法律案等を審査する。

286　委員の選任は、総選挙後初めて召集される国会の会期の始めに、割当数に基づいて各会派から申し出た者について、議長の指名によって行う。

287　委員の辞任は、その所属会派からの申出により、会長を経由して、議長の許可を得るのを例とする。

288　会長の互選は、推薦によるのを例とする。

289　幹事の互選は、会長の指名によるのを例とする。

290　幹事は、委員の任期中その任にあるものとする。

291　政府職員の出席説明を求める。

292　憲法審査会の会議は、公開とする。

293　憲法審査会は、会期中であると閉会中であるとを問わず、いつでも開会することができる。

2-6-3　参議院の先例

▼参議院先例録　2023(令和5)年版

第10章　憲法審査会

140　憲法審査会に関する例

141　憲法審査会委員は、各会派の所属議員数の比率により各会派に割り当て、これに基づき議長が指名する

▼参議院委員会先例録　2023（令和5）年版

第15章　憲法審査会

342　憲法審査会は、日本国憲法及び日本国憲法に密接に関連する基本法制について広範かつ総合的に調査を行い、憲法改正原案、日本国憲法に係る改正の発議又は国民投票に関する法律案等を審査する

343　憲法審査会は、45人の委員で組織する

344　会長は、憲法審査会の議事を整理し、秩序を保持し、及び憲法審査会を代表する

345　会長は、憲法審査会において委員が互選する

346　会長の辞任は、憲法審査会が許可する

347　会長の辞任を許可したときは、引き続きその補欠選任を行うのを例とする

348　幹事は、議院運営委員会理事会において定めた幹事の数及び各会派に対する割当てに基づき、憲法審査会において選任するのを例とする

349　憲法審査会は、会期中であると閉会中であると問わず、いつでも開会することができる

350　憲法審査会は、必要に応じ、会長の発議又は委員の動議により小委員会を設ける

351　憲法審査会において公聴会を開くことを決定したときは、公聴会開会承認要求書を議長に提出する

352　憲法審査会は、委員会又は調査会と協議して連合審査会を開くことができる

353　参考人の出席を求めるには、参考人出席要求書を議長に提出する

354　委員を派遣するには、委員派遣承認要求書を議長に提出する

355　憲法審査会は、憲法改正原案及び日本国憲法に係る改正の発議又は国民投票に関する法律案を提出することができる

356　憲法審査会の会議は、公開とする

357　憲法審査会は、憲法改正原案に関し、衆議院の憲法審査会と協議して合同審査会を開くことができる

358　議事その他運営に関し必要な事項は、憲法審査会の議決によりこれを定める

※参議院先例録、参議院委員会先例録は、参議院ウェブサイトで閲覧可能です。
https://www.sangiin.go.jp/japanese/aramashi/houki/09senrei/senrei.html

2-7

憲法改正原案の両院協議会

> **ポイント**
>
> 憲法改正原案に関し、衆参両院の議決が異なったとき、両院協議会を開いて(任意)、合意を目指して協議を進めることができます。衆参両院が「成案」を可決すれば、その内容について憲法改正の発議がされたこととなります。

■ 2-7-1　任意開催の協議会における事後調整

　合同審査会が、憲法改正原案について衆参両院で議決の効力が異ならないよう、あらかじめ調整する機関と位置づけられるのに対し、衆議院で「可決」、参議院で「否決」といった具合に、議決が異なった場合にも、事後的に調整を行う機関を国会に設けることができます。この機関が両院協議会です。

　憲法第96条第1項が定めているとおり、「各議院の総議員の3分の2以上の賛成」が憲法改正発議の要件です。衆議院で3分の2以上の賛成があっても、参議院で3分の2以上の賛成が得られなければ(わずか1名=1票足らなくても)、その時点で否決となります。衆参両院は、憲法改正に関して「完全対等の関係」に立つため、憲法改正の発議そのものが不成立となる、これが憲法上の原則です。

　しかし、憲法改正の発議はおよそ、国会の権限として位置付けられています。衆参両院の間で憲法改正原案の内容に関して妥協を図ることを、憲法が一切、否定しているとも解されません。そこで国会法は、憲法改正原案について衆参で議決が異なってしまった場合、任意で、両院協議会を開くことができるケースを定めているのです(第86条の2)。

　両院協議会の設置は、任意です。衆議院から参議院に対し、または参議院から衆議院に対して両院協議会を求めたとき、求められた側の議院はこれを拒むことができません(国会法第88条)。

■ 2-7-2　両院協議会のイメージ

　衆議院で可決し、参議院で否決された場合、衆議院が参議院に対して、両院協議会を求めるというケースで考えてみます。

両院協議会には、衆議院、参議院からそれぞれ、協議委員が10名、計20名選任されます（国会法第89条）。協議委員は、議院の慣例によって「その議院の議決に与した側」から選ばれることになっています。議決に与したとは、可決であれば「賛成した議員」から、否決であれば「反対した議員」から、という意味です。衆議院からは、憲法改正原案に賛成した10名が、参議院からは憲法改正原案に反対した10名が選出されます。必ずしも憲法審査会の委員が選出されるとは限りません。この20名の中から両院協議会の議長が互選されます（国会法第90条）。

◉両院協議会が開かれる衆参の関係図

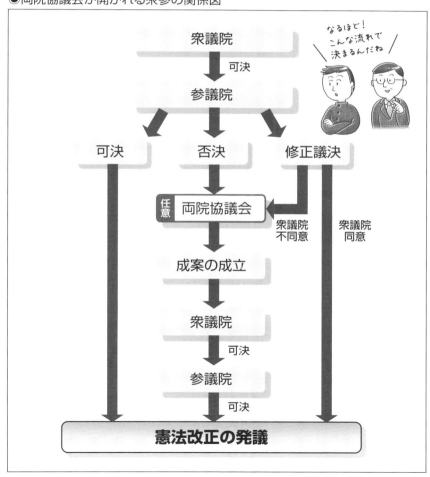

2-7 ● 憲法改正原案の両院協議会

　両院協議会では、衆参間の妥協を図るための「協議案」が審査されます。協議案とは、衆参両院で合意が得られるであろう、憲法改正原案の修正案です。協議案が、両院協議会に出席している協議委員の3分の2以上の賛成で可決されたとき、成案となります（国会法第92条第1項）。しかし、成案が得られても、国会が憲法改正を発議したことにはなりません。

　成案はまず、衆議院（両院協議会を求めた側）に送られます。総議員の3分の2以上で可決されれば、参議院に送付され、参議院でも可決されれば、その成案に基づいた憲法改正の発議となります。両院協議会において、協議案を審査しつつも、成案が得られなければ、憲法改正の発議には至りません。

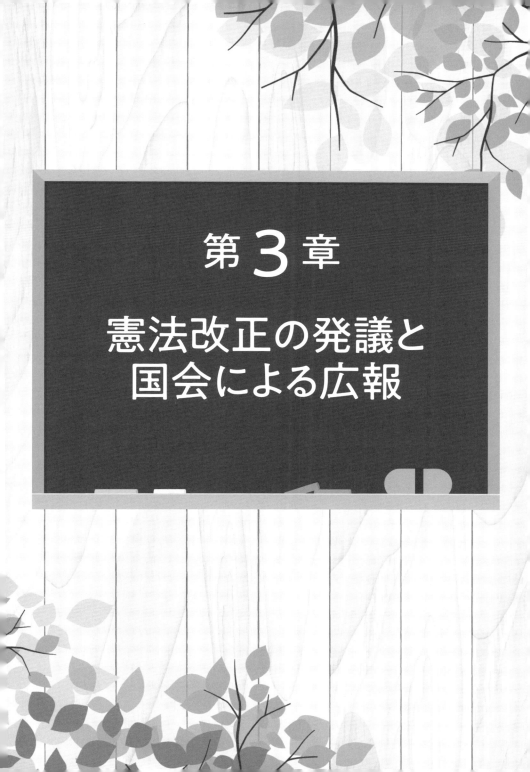

第3章

憲法改正の発議と国会による広報

3-1

憲法改正発議の手続

> **ポイント**
>
> 先議院から憲法改正原案の送付を受けた後議院が可決したとき（衆→参、参→衆）、または、後議院の修正案の回付を受けた先議院が同意したとき（衆→参修正→衆同意、参→衆修正→参同意）、憲法改正の発議となり、国民に提案されたこととなります。

3-1-1 発議と提案は一体の手続

　1-2で憲法改正の手続の流れ（衆議院→参議院の場合）を解説しました。憲法改正の発議はまさに、手続の最終段階で行われます（S16）。

　衆議院で憲法改正原案を可決し、参議院でも可決した場合には、その参議院の可決を以て、国会が憲法第96条第1項前段にいう憲法改正の発議をし、国民に提案したものとされます（国会法第68条の5第1項前段）。発議、提案に関しては、特段の行為を要しません。逆に参議院先議、衆議院後議の場合には、最後の衆議院の可決を以て国会発議となります。

　これらの場合に、衆参両院の議長は、憲法改正の発議をした旨とその憲法改正案を官報に公示します（国会法第68条の5第1項後段）。国会発議を以て、憲法改正原案は「憲法改正案」と、法律上の呼称が変わります。

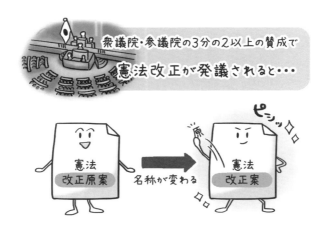

憲法改正原案は、審査、審議の過程でその内容を修正することもできます（国会法第68条の4）。例えば、参議院が衆議院から送付された憲法改正原案を修正議決した場合には、その憲法改正原案は衆議院に回付され、衆議院がその回付案（参議院修正案）に同意すれば、その同意を以て憲法改正の発議となります。

　2-7で解説した両院協議会が開かれる場合には、協議会で得られた成案は、協議会の開催を求めた先議院で可決し、さらに後議院で可決したとき、憲法改正の発議となります。

　衆参本会議における憲法改正原案の採決は、記名による方法（記名採決）になると解されます。憲法改正の発議は、国会の権能のうち最も重要なものであり、議員一人ひとりの判断を明確に記録し、公開する必要があるからです。議員の投票（表決態度）は当然、国民投票の後に行われる最初の国政選挙における判断、評価の要素（国民投票で国民の承認が得られなかった場合の政治責任の追及など）となります。

3-1-2　同一会期内の議決一致の必要性

　衆議院の「可決」と参議院の「可決」は、同一の会期内で揃う必要があります。修正議決に対する他議院の「同意」も同様です。

　あくまで仮定ですが、第300回国会で衆議院が憲法改正原案を可決し、参議院に送付した後、参議院がその憲法改正原案を継続審議とすることを議決したとします。次に召集される第301回国会の会期中に参議院が可決したとしても、その可決を以て憲法改正の発議をしたことにはなりません。衆議院に送付して、衆議院でその参議院送付案を可決する必要があります（国会法第83条の5）。継続審議の対象となるのは議案本体であって、議決の効力には及ばない（会期を跨がない）ためです。

3-2

「総議員」の意義

> **ポイント**
>
> 総議員(憲法第96条第1項)の意義に関して、(1)法定議員数、(2)在職議員数のいずれを基準とするか問題となりますが、(1)を採用するべきと解されます。可決のためには、衆議院では310名、参議院では166名の議員の賛成が「絶対的に」必要です。

3-2-1 法定の議員数が基準

憲法第96条第1項は、「各議院の総議員の3分の2以上の賛成」という国会発議の要件を定めています。この「総議員」数について何を基準に決するか、二通りの考え方があります。

第一は、法定の議員数を基準とする考え方です。現在、衆議院の定数は465、参議院の定数は248となっています(公職選挙法第4条第1項・第2項)。この法定議員数を基準にすると、3分の2以上とは、衆議院では310名以上、参議院では166名以上となります。議員の死亡や辞職などにより、議院に欠員が生じる場合がありますが、法定議員数を基準にすると、欠員の分は、本会議の採決のさい「反対の投票」をした者と同じ扱いになります。

第二は、衆参両院に、現に在職している議員の数を基準とする考え方です。第一の法定議員数とは異なり、欠員の分を除いて考えます。

憲法第96条は、いずれの考え方に依るのかは明確に定めていません。もっとも、衆参両院では、本会議の定足数を総議員の3分の1以上とする憲法第56条第1項に関して、法定議員数を基準にすることが慣例となっていることから、憲法改正原案の表決に関しても法定議員数を基準にするものと解されます。

3-2-2 絶対的な員数要件

通常、法律案等の一般議案の採決であれば、定足要件は「総議員の3分の1以上」、表決要件は「出席議員の過半数」であり(憲法第56条)、与党会派議員の欠席ないし造反(反対または棄権)は通常、法律案の成否等に深刻な影響を及ぼしません。

しかし、憲法改正発議のために要する310名以上（衆議院）、166名以上（参議院）の賛成は、絶対的な要件であることに、改めて注意を要します。議員が、憲法改正原案の採決が行われる本会議を欠席したり、投票を棄権することは、反対投票と同じ意味になります。1名（1票）でも足りなければ「否決」です。

　いわゆる「改憲勢力」から造反が出て、前記の表決要件を充たさないような限界事例では、反対する勢力からその埋め合わせをしなければなりません。これ自体、政治的には相当高いハードルです。

　憲法改正原案の採決はまさに、「集団で薄氷を踏む行為」と喩えられます。途中まで多人多脚走が上手く進んでも、採決に際してその協走関係が崩れてしまうこともあり得るのです。

3-3

国民投票広報協議会の組織

> **ポイント**
>
> 憲法改正の発議の後、憲法改正案の広報を行うため、国会に国民投票広報協議会が置かれます。衆議院議員10名、参議院議員10名の計20名に、事務局を加えた体制で活動します。組織、活動の細目について、広報協議会の諸規程が今後定められる予定です。

3-3-1 発議後に始まる、憲法改正案の広報

　憲法改正に関して、国会の役割は、憲法改正の発議を以て「御役御免」となるわけではありません。発議した憲法改正案の内容などを国民に広報するため、国民投票広報協議会が設置されます（国会法第102条の11、第102条の12、国民投票法第11条〜第17条等）。弾劾裁判所に関する国会法と裁判官弾劾法との関係と同様（第125条〜第129条）、国民投票広報協議会に関しては、国会法が設置の基本規定を置いて、国民投票法は具体的な組織、運営や広報活動に関する規定を置いています。

　国民投票広報協議会は、憲法改正が発議された場合にのみ設置される、非常設の機関です。国民投票に関する一連の手続が終了するまで、その活動は続きます。

3-3-2 広報協議会の構成

　国民投票広報協議会の委員は、憲法改正の発議をしたときに衆議院議員であった者10名、参議院議員であった者10名の、計20名です（国民投票法第12条第2項）。

　委員は、衆参各会派の所属議員数の比率により割り当て、選任されます（国民投票法第12条第3項本文）。比率「により」とは、比率「に応じて」よりも意味の幅が広く、柔軟な運用（委員の割当て）を可能にします。仮に、衆参両院において、全会一致に近い状態で憲法改正原案が可決された場合では、反対した会派から国民投票広報協議会の委員を出すことができず、賛成した会派の議員ばかりで占められることになります。しかし、そのような偏った構成では、憲法改正案などに関する広報を公平、公正に行うことはできません。そこ

で、憲法改正原案に反対した会派からも国民投票広報協議会の委員を選任できるよう、「できる限り配慮する」こととされています（国民投票法第12条第3項ただし書）。各議院では会派の構成が異なることから、同一の政党でも衆参の定数内で選任される委員の数は異なります。

国民投票広報協議会の委員に、病気などの事故がある場合、委員に欠員が生じた場合には、予備員がその委員の職務を行います（国民投票法第12条第2項）。予備員の数、憲法改正原案に反対した会派に対する配慮は、正規の委員と同じ扱いです。

3-3-3　広報協議会の運営

国民投票広報協議会がその会議を開き、議事を進行するには、衆参から選任された委員がそれぞれ7名ずつ出席しなければなりません（国民投票法第15条第1項）。

国民投票広報協議会が会議体として意思決定をするには、出席委員の3分の2以上の賛成が必要です（国民投票法第15条第2項）。単純な過半数を表決要件とすると、憲法改正原案に賛成した会派の意向だけで議事を決することが可能となり、公正な運営が事実上不可能となってしまうことから、特別多数決に拠ることとしているのです。

国民投票広報協議会には、事務局が置かれます（国民投票法第16条）。

3-3-4　広報協議会諸規程（案）の概要

国民投票広報協議会に関する事項は、別に法律で定められます（国会法第102条の12。具体的には国民投票法を指します）。国民投票法において「両議院の議長が協議して定める」とされる事項に関して（第16条第6項、第17条、第106条第1項・第2項・第4項、第107条第1項・第4項・第6項）、国民投票広報協議会の諸規程（組織、運営、活動の細目）が別に定められます。

より具体的な規定に
→ 国会法（広報協議会の設置の基本的な定め）
→ 国民投票法（広報協議会の組織、運営、広報活動の定め）
→ 広報協議会諸規程（広報協議会の組織、運営、広報活動の細目の定め）

3-3 ● 国民投票広報協議会の組織

　さらに詳しく述べると、諸規程(国民投票広報協議会規程、憲法改正案広報実施規程、国民投票広報協議会事務局規程の3つ)で定められる事項は、次のとおりです。衆参両院の議長が、議院運営委員会に諮った上で定められます(両院議長協議決定として検討中)。

広報協議会諸規程で定められる事項

一. 国民投票広報協議会規程
　1. 委員・予備員の選任・辞任、会長の選任・辞任、会長代理の指名
　2. 幹事の人数・選任
　3. 開会、委員の発言、参考人の出席、秩序保持等
　4. 会議の公開・傍聴
　5. 会議録　等
二. 憲法改正案広報実施規程(仮)
　1. 国民投票公報の原稿の掲載事項等
　2. 憲法改正案の要旨の作成
　3. 広報のための放送・新聞広告
(1)　政党等の届出
(2)　広報のための放送(放送事業者の決定手続、賛成・反対意見の放送枠組、録音・録画の公営限度額等)
(3)　広報のための新聞広告(新聞社の決定手続、賛成・反対意見の広告枠組等)
　4. その他の憲法改正案の広報　等
三. 国民投票広報協議会事務局規程
　1. 事務局次長の設置・職務
　2. 総務部長および広報部の設置・事務
　3. 課長
　4. 参与　等

(出典)衆議院法制局・衆議院憲法審査会事務局「国民投票広報協議会関係法規の全体像」(2024年5月30日)資料3を基に、筆者作成。
https://www.shugiin.go.jp/internet/itdb_kenpou.nsf/html/kenpou/2130530housei_kenshin-siryou.pdf/$File/2130530housei_kenshin-siryou.pdf

3-3-5　少数会派の意向が尊重される運営

　憲法改正が発議された段階で、衆参いずれも、賛成した議員数と反対した議員数は「2対1以上の較差」が生じています。反対した議員（会派）は常に、少数（半分未満）の立場に置かれています。

　この点、衆参の委員会運営は慣例上、与党第一会派、野党第一会派から選出された筆頭理事が、日程、議事運営の協議、決定に関して主導的立場にあるところ（筆頭間協議）、憲法改正の発議においては野党第一会派も賛成の表決を行っている可能性があり、国民投票広報協議会の運営を筆頭間協議的な手法に頼ると、反対会派の意向が反映されなくなるという懸念が生じます。また、賛成会派の中にも少数会派が存在します。

　運営上の問題ですが、少数会派を尊重する方針を予め確約しておくこと、可能な限り「全会一致の原則」を確立することが望ましいといえます。

3-4

国民投票広報協議会の所掌事務

> **ポイント**
>
> 国民投票広報協議会は、(1)国民投票公報の原稿の作成、(2)投票記載所に掲示する憲法改正案の要旨の作成、(3)憲法改正案の広報放送、広報広告に関する事務、(4)その他の憲法改正案に関する広報の事務、を担当します。

■ 3-4-1 法定された4つの事務

国民投票広報協議会は、次の4つの事務を担当します。

第一に、国民投票公報の原稿を作成することです（国民投票法第14条第1項第1号）。国民投票公報には、①憲法改正案とその要旨、②憲法改正案に係る新旧対照表、その他参考となるべき事項に関する分かりやすい説明、③憲法改正案を発議するに当たって出された賛成意見および反対意見が掲載されます。詳しくは3-5で解説します。

国民投票広報協議会は、①と②を客観的かつ中立的に、③を公正かつ平等に扱うこととされています（国民投票法第14条第2項）。

第二に、投票記載所に掲示する憲法改正案の要旨を作成することです（国民投票法第14条第1項第2号）。投票記載所とは、投票所の中で、投票人が投票用紙に記入する場所です（同法第65条）。

第三に、憲法改正案の広報放送、広報広告に関する事務です（国民投票法第14条第1項第3号）。3-6、3-7で解説します。

第四に、その他の憲法改正案に関する広報の事務です（国民投票法第14条第1項第4号）。運用例はありませんが、専用ウェブサイトの開設、広報用動画の制作と配信、公報（PDFファイル）の掲載、SNSの運用（広報放送の日時の案内、偽・誤情報の注意喚起等）が含まれると解されます。メール、AIチャット等を通じて憲法改正案等に関する問い合わせを受け付け、回答するといった窓口的機能まで担えるかどうか、さらに検討の余地があります。

このように、国民投票広報協議会が憲法改正案の広報を担当する一方、総務大臣、中央選挙管理会（総務省がその事務を担当）、都道府県・市区町村の選挙管理委員会は、国民投票の方法、期日、国民投票運動として禁止され

ている事項等を周知します（国民投票法第19条）。これらの広報、周知活動が相まって、投票の啓発（投票率の向上）に十分な効果が及ぶことが期待されます。

●国民投票広報協議会の事務

3-4-2　権限拡充の必要性

　国民投票広報協議会の4つの事務は、2007年制定法の内容（立法当時）のままです。

　しかし、現在に至るまでの情報通信技術（ICT）の発達、普及など経済、社会情勢の変化等に鑑み、一部の政党からは、憲法改正案に関する広報を形式的に担うだけでは不十分ではないかといった主張もなされており、権限拡充に向けた検討を行う必要があります。

　具体的には、7-1（SNS上の偽・誤情報対策）、7-2（デジタル広告規制と情報公開、なりすまし勧誘広告対策）、7-3（生成AIの利用と規制）、7-4（国民投票運動主体の収支に関する規制）といった課題への対応です。さらに、地方への委員派遣とパラレルに、憲法改正案に関する説明会の各地開催（オンライン同時配信）も検討に値します。

　広報協議会が新たにどのような事務を担うべきか、法改正を視野に入れ、できるだけ早期に結論を得る必要があります。

3-5

国民投票公報

ポイント

国民投票公報には、(1)憲法改正案とその要旨、(2)憲法改正案に係る新旧対照表その他参考となるべき事項に関する分かりやすい説明、(3)憲法改正案を発議するに当たって出された賛成意見および反対意見、が掲載されます。ページ数(文字数の上限)、ページ割等の詳細は未定です。

■ 3-5-1　賛成・反対の判断素材となる公報

　すべての有権者は、国会での議論の経過も含めて、憲法改正案の内容を詳しく知る権利があります。裏を返せば、憲法改正を発議した国会は、憲法改正案についての説明義務があるというべきです。

　3-1で解説したとおり、発議された憲法改正案は官報に掲載されます(特別号外を想定)。しかし、誰もが日常的に官報を見ているわけではないことに加え、そこに掲載される情報(発議日と憲法改正案)だけでは、憲法改正案に対する賛成・反対の評価判断をし、いずれかの意思表示をするには不十分です。実際、憲法改正の発議が行われれば、あらゆるメディアは緊急かつ重要なニュースとして大きく扱うとは思われるものの、それが継続的に、内容が深化していく保証はありません。

　まずは、国会自らが「どのような意義、目的で憲法改正を発議したのか」「憲法改正原案の審査、審議のさい、どのような賛成意見、反対意見が示されたのか(誰が賛成し、誰が反対したのか)」「提案どおりに憲法が改正されたら、どのような政策が進められる(法律の整備が行われる)のか、これまでの制度はどう変わる(変わらない)のか」といった点について十分な情報を提供することが、投票期日までの間、国民的議論を活発にするためにも必要です。

　国民投票法第14条第1項第1号は、国民投票広報協議会の権限で「国民投票公報」を作成することなどを定めています(「広報」ではなく「公報」の字が当てられます)。選挙の際に「選挙公報」が印刷され各有権者世帯に配布されますが、国民投票公報はその「国民投票版」です。

3-5-2 国民投票公報の内容(イメージ)

国民投票公報には、次の①から③までの内容が掲載されます(国民投票法第14条第1項第1号)。

①憲法改正案とその要旨
②憲法改正案に係る新旧対照表その他参考となるべき事項に関する分かりやすい説明
③憲法改正案を発議するに当たって出された賛成意見および反対意見

①憲法改正案とその要旨は、2-1で例示したような憲法改正案(国会の発議に係る日本国憲法の改正案)と、その内容を要約したものです。内容に関しては、客観的かつ中立的に扱うものとされます(国民投票法第14条第2項)。

②憲法改正案に係る新旧対照表その他参考となるべき事項に関する分かりやすい説明に関しても、客観的かつ中立的に扱うものとされます(国民投票法第14条第2項)。「新旧対照表」とは、改正後の条文と現行の条文とを対置した表のことを指します。「その他参考となるべき事項に関する分かりやすい説明」とは、衆参両院における憲法改正原案の審査、審議の過程などの客観的情報に、分かりやすい説明を加えたものです。

③憲法改正案を発議するに当たって出された賛成意見および反対意見に関して、賛成意見と反対意見は、公正かつ平等に扱うものとされます(国民投票法第14条第2項)。議員の発言のほか、憲法審査会の参考人質疑、公聴会等で示された意見も含まれると解されます。

公報全体のページ数、文字数の上限など、詳細は未定です。

3-5-3 ページ割対等の原則

①憲法改正案とその要旨、②憲法改正案に係る新旧対照表その他参考となるべき事項に関する分かりやすい説明は、憲法改正原案に賛成した会派の議員、反対した会派の議員が関与することなく、国民投票広報協議会の事務局が、その政治的裁量を及ぼすことなく作成することが求められます。

③憲法改正案を発議するに当たって出された賛成意見および反対意見を「公正かつ平等」に扱うという法的要請は、公報のページの割当てを同等にする(等分する)ことで充たされます。仮に、賛成意見が3ページ分であれば、

反対意見も同じ3ページ分となります。公報全体のページ割当てが賛成議員、反対議員の数の比率を以て按分されるわけではありません。

3-5-4　有権者への配布手続

国民投票広報協議会が国民投票公報の原稿を作成したときは、投票期日30日前までに中央選挙管理会に送られ、さらにその写しが都道府県の選挙管理委員会に送られ、印刷される手順となっています（国民投票法第18条第1項〜第3項）。

印刷された国民投票公報は、市区町村の選挙管理委員会に届けられ、投票期日10日前までに配布する手続がとられます（国民投票法第18条第4項、公職選挙法第170条）。

3-5-5　公報内容の途中変更、補充

選挙で配布される選挙公報は、選挙期間中、同一の内容のものが配布されます。途中、その内容が変更されることはありません。

しかし、憲法改正国民投票の場合、4-1で解説しますが、国会発議の日から投票期日まで最長で180日の間があります。国民投票公報の発行が遅れると、国民的議論を喚起する効果がその分薄れてしまいます。また、憲法改正案の内容によりますが、同一の公報内容が続くと、有権者がその内容に飽きて関心が低下したり、発議の後に生じた新たな争点、憲法改正案に関する偽・誤情報等に対応できなくなる、といった不都合が露呈します。

そこで、運用上の問題として、公報の内容を途中で変更したり、補充する（期間中、国民投票公報を複数回発行する）ことも含め、方針をあらかじめ決定しておく必要があります。

3-5-6　オーストラリアの実践例

他国の実践として、2023年10月14日、オーストラリアで執行された憲法改正国民投票（Voice Referendum / Voice in Parliament）の例を紹介します（国民投票の結果は否決）。政府が発行した国民投票公報（パンフレット）には、①憲法改正案の内容、②憲法改正案に対する賛成意見および反対意見、が掲載されていました。

賛成意見、反対意見の原稿の内容は、連邦議会の議員が決定します。原稿

は、憲法改正案が連邦議会で成立した日から28日以内に、連邦議会からオーストラリア選挙委員会(Australian Electoral Commission: AEC)に対して提出しなければなりません(1984年国民投票(手続規定)法第11条(1)b)。経過としては、2023年6月19日、連邦議会で憲法改正案が成立し、7月17日が原稿提出の締切りとなる中、賛成意見、反対意見のいずれの原稿も期限内に提出されました。

賛成意見、反対意見は、憲法改正案の採決で賛成、反対した議員がそれぞれ起草し、別に独立した多数決によって決せられます。単語数は、平等に「2,000以内」とされています(同法第11条(2))。2023年国民投票では、賛成意見は1,967語、反対意見は1,946語となり、公報上、各々5頁分が割り当てられました。国民投票公報の全文は、AECのウェブサイトで公開されています("Your official referendum booklet" AEC Website <https://www.aec.gov.au/referendums/files/pamphlet/referendum-booklet.pdf>)。

国民投票公報は印刷の上、投票期日14日前までに全国の有権者世帯に配布しなければなりません(同法第11条(4))。2023年国民投票では、9月30日が配布期限となる中、8月14日、全国約1,250万世帯に対して発送が開始されました。なお、国民投票公報はすべて英語で記載されていますが、AECは並行して35の外国語、20を超える先住民言語への翻訳作業を行っています。

● AECのウェブサイトで公開されている国民投票公報

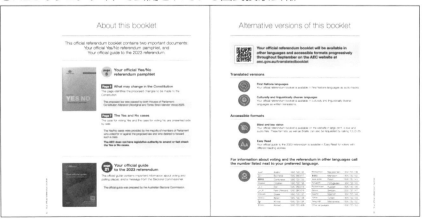

3-6

憲法改正案広報放送

> **ポイント**
>
> テレビ・ラジオの放送設備を用いて、憲法改正案広報放送が行われます。その内容は、(1)憲法改正案とその要旨、その他参考となるべき事項、(2)憲法改正案に対する賛成の政党等、反対の政党等が行う意見広告、です。放送時間、回数など運用の詳細は未定です。

■ 3-6-1　テレビ・ラジオの広報放送

　国民投票広報協議会は、NHK、基幹放送事業者の放送設備を利用して、憲法改正案の広報放送を行います（国民投票法第106条）。国政選挙、知事選挙の際に、政見放送、候補者経歴放送が行われますが、その「国民投票版」です。広報放送は次の2つの内容から構成されます。

①憲法改正案とその要旨、その他参考となるべき事項
②憲法改正案に対する賛成の政党等、反対の政党等が行う意見広告

　①憲法改正案とその要旨、その他参考となるべき事項の広報は、国民投票広報協議会が担当し、その内容は、客観的かつ中立的に扱うものとされます（国民投票法第106条第1項〜第3項）。

　②憲法改正案に対する賛成の政党等、反対の政党等が行う意見広告は、賛成・反対双方に対して時間数を同一にしたり、時間帯を同等にするなど、同等の利便が提供されることになっています（国民投票法第106条第4項〜第6項）。国民投票広報協議会が担当する①の広報部分、②の賛成広告と反対広告は、全体を均等割（1対1対1の3等分）にすることが想定されています。

　また、政党等は、与えられた広告枠の一部を、指名する団体に行わせることもできます（国民投票法第106条第7項）。その手続は今後、検討されます。

3-6-2　具体的運用は検討中

　憲法改正案広報放送の内容は法定されていますが、その具体的運用に関しては未定（検討中）です。広報放送の時間、回数等をどうするかについて、何も決定していません。3-5では、国民投票公報の内容を途中で変更したり、補充する可能性に触れましたが、広報放送の内容についてもその余地を残しておく必要があります。

　いずれにせよ、運用の問題を、憲法改正の発議をしてから決めるというのでは時宜不適切です。憲法改正原案の審査、審議と並行して、各党・会派間の幅広い合意を以てそのイメージを共有する必要があります。

3-7

憲法改正案広報広告

ポイント

新聞を媒体として、憲法改正案広報広告が行われます。その内容は、(1)憲法改正案とその要旨、その他参考となるべき事項、(2)憲法改正案に対する賛成の政党等、反対の政党等が行う意見広告、です。対象となる新聞、掲載面の大きさ、回数など、運用の詳細は未定です。

■ 3-7-1　新聞に掲載する広報広告

　国民投票広報協議会は、新聞（全国紙・地方紙）を媒体として憲法改正案の広報広告を行います（国民投票法第107条）。憲法改正案の広報広告は、広報放送と同様、次の2つの内容から構成されます。

①憲法改正案とその要旨、その他参考となるべき事項
②憲法改正案に対する賛成の政党等、反対の政党等が行う意見広告

　①憲法改正案とその要旨、その他参考となるべき事項の広報は、国民投票広報協議会が担当し、その内容は、客観的かつ中立的に扱うものとされます（国民投票法第107条第1項～第3項）。
　②憲法改正案に対する賛成の政党等、反対の政党等が行う意見広告は、賛成・反対双方に対して、枠の寸法、回数を同一にするなど、同等の利便が提供されることになっています（国民投票法第107条第4項・第5項）。国民投票広報協議会が担当する①の広報部分、②の賛成広告と反対広告は、全体を均等割（1対1対1の3等分）にすることが想定されています。
　また、政党等は、与えられた広告枠の一部を、指名する団体に行わせることもできます（国民投票法第107条第6項）。その手続は今後、検討されます。

■ 3-7-2　具体的運用は検討中

　憲法改正案広報広告の内容は法定されていますが、その具体的運用に関しては未定（検討中）です。広報広告を掲載する新聞の範囲、回数、広告面積等をどうするかについて、何も決定していません。3-5、3-6で国民投票公報、

憲法改正案広報放送の内容を途中で変更したり、補充する可能性を指摘していますが、広報広告の内容についてもその余地を残しておく必要があります。

　いずれにせよ、運用の問題を、憲法改正の発議をしてから決めるというのでは時宜不適切です。憲法改正原案の審査、審議と並行して、各党・会派間の幅広い合意を以てそのイメージを共有する必要があります。

●憲法改正案の新聞広告枠の例

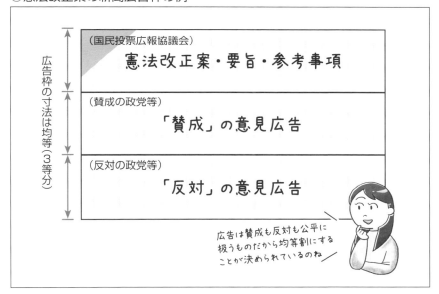

第4章

投票期日と投票権

4-1

投票期日の議決

投票期日は、発議の日から起算して60日以後180日以内で、国会の議決により定められます。

■ 4-1-1　国会の議決による投票期日の設定

　国民投票では、国会が発議した憲法改正案の内容もさることながら、投票期日がいつ「○年○月○日」に設定されるのか、という点も重要です。選挙では、選挙管理委員会が期日の告示を行いますが（公職選挙法第5条、第31条等）、国民投票の期日は国会の議決により定められるところが異なります。

　国会が憲法改正の発議をした後、速やかに、発議の日から起算して「60日以後180日以内」において、投票期日の議決が行われます（国民投票法第2条、国会法第68条の6）。国民投票の期日は、憲法改正原案の審査、審議の終局に近いタイミングで、各党・会派間の幅広い合意を以て決せられると解されます。

　憲法改正の発議を行う当日、国会は次のような状況であると考えられます。当日の参議院本会議で、衆議院から送付された憲法改正原案を可決したとします。参議院の可決を以て、憲法改正の発議となりますが、参議院本会議をここで一旦、休憩とします。

　休憩の間、衆議院では参議院の可決を受けて、「国民投票の期日を○年○月○日と定める件」を議題とする本会議を開き、国民投票の期日を議決します。衆議院本会議の議決の後、参議院本会議を再開し、衆議院と同様、国民投票の期日を○年○月○日と議決するという流れです。さらに3-3で解説した国民投票広報協議会委員の選任の議決も合わせて行われ、両院の本会議が散会した後、第1回国民投票広報協議会が開かれ、少なくとも会長の互選まで行われると解されます。

　国民投票の期日の議決要件は、通常の議案と同じく、出席議員の過半数です（憲法第56条）。もっとも、各党・会派間で国民投票の期日についても十分な合意が整っていないと、憲法改正原案の採決日程ないし賛否そのものに影響すると考えられるため、与党会派のみで決することは非現実的です。つまり

この場面でも、1-2の多人多脚走が安定して成立している必要があるのです。

また、先議院の側で投票期日に係る一定の幅を決めて憲法改正原案を後議院に送付することは、後議院の審議権を制約し（質疑終局、採決の期限を事実上命じてしまう）、政治的な混乱を招きかねません。かえって、発議のハードルを上げることになると解されます。

国民投票の期日は、官報で告示されます（国民投票法第2条第3項）。憲法改正案の公示と同じく、発議当日の官報の特別号外によることが想定されます。

●国民投票の投票期日の設定

4-1-2　60日から180日という期間の幅

投票期日は、発議の日から起算して60日以後180日以内で設定されます。期間の幅は広く、国会の裁量で決められます。

期間の最短が60日と定められたのは、国民投票の事務の執行に向けた国、自治体の準備作業に最低2か月を要すると判断されたからです。

期間の最長が180日と定められたのは、憲法改正案の内容によっては、半年程度の十分な期間をかけて、有権者一人ひとりが熟慮を重ねて、慎重に意見形成を行うことができるようにする方が妥当であるという政策上の判断に基づきます。

4-1-3　繰上投票

投票期日には、繰上投票、繰延投票という例外があります。

島しょ部などで、国民投票の期日に投票箱を送致することができない状況があるときは、都道府県の選挙管理委員会は、適宜にその投票の期日を定め、開票の期日までにその投票箱、投票録、投票人名簿（抄本）、在外投票人名簿（抄本）を送致させることができます（国民投票法第70条、国民投票法施行令第58条）。

4-1-4　繰延投票

天災その他避けることのできない事故により、①投票所において投票できないとき、または②更に投票を行う必要があるときは、都道府県の選挙管理委員会はさらに期日を定めて投票を行わせなければなりません。

この場合、直ちにその旨を告示し、さらに定めた期日を少なくとも2日前（中一日）に告示しなければなりません（国民投票法第71条第1項、国民投票法施行令第59条）。

4-2

国政選挙との同日執行

> **ポイント**
>
> 国民投票は、国政選挙の期日とは別に執行されること（特別の国民投票）が原則です。

4-2-1　選挙とは別の期日（特別の国民投票）が原則

　投票期日は、国会の議決により、発議の日から起算して60日以後180日以内の日に定められます。

　この点、憲法第96条第1項は、「特別の国民投票」（国政選挙とは別の日に実施）または「国会の定める選挙の際行はれる投票」（国政選挙と同じ日に実施）の2つのパターンを想定していますが、国民投票法の制定時には、原則として特別の国民投票として執行することが、各党・会派間で合意をみていました。

　その理由ですが、国政選挙と国民投票は、それぞれが行われる政治状況に本質的な違いがある点を踏まえてのことです。国政選挙、特に衆議院議員総選挙においては、各党が政権公約を掲げながら、「政権選択」を最大の争点と位置付け、衆議院の議席の過半数を激しく相争う関係に立ちます。他方、国民投票は、憲法改正の発議が、衆参両院の総議員の3分の2以上の賛成によるものとして、多人多脚走に類似する与野党の協調関係の上で成り立ち、執行されるものです。選挙時のように激しく相争う関係は想定されません。「対決の国政選挙」と「協調の国民投票」では、政治状況が180度異なるのです。

　もっとも、投票期日が国政選挙と同じ日に設定されることは、法的にまったく許されないわけではありません。国会が憲法改正を発議した後、内閣が衆議院を解散し総選挙が行われる場合のほか、衆参議員の任期満了によって選挙が行われる場合において、選挙の期日、選挙運動期間が国民投票の期日、期日前投票の期間と重なることもあり得ます（公職選挙法第31条、第32条）。政府見解は、有権者の利便、投票率が向上することなどを考慮しつつ、同日執行の可能性を排除していません。

4-2-2　選挙運動期間との重なり合い

　例えば、衆議院議員の任期満了による総選挙を想定した場合、通常、任期満了日の30日前から満了日までの間、投票期日となる可能性があり、さらに、任期満了日近くまで国会が開会している場合には、任期満了日からその30日後までの間、投票期日となる可能性があります（公職選挙法第31条第1項・第2項）。

　また、総選挙の投票期日は少なくとも12日前に公示しなければなりません（同条第4項）。その幅に鑑みると、選挙運動期間は任期満了日の42日前から始まる可能性があります。すなわち、任期満了日42日前から任期満了日30日後までの間、選挙運動が行われる可能性があります。他にも、国会議員の補欠選挙、自治体の議員・長の選挙の運動期間、投票期日と重なることがあります。

　なお、4-8で解説しますが、国民投票の期日前投票は投票期日14日前から始まります。図のとおり、国民投票の期日前投票期間と衆議院議員総選挙（任期満了の場合）の運動期間との重なり合いは、任期満了日42日前から任期満了日44日後まで、となります。

4-2-3　国民投票運動の優位性

　公職の選挙が行われる区域で、選挙運動の期間中、政党等による一定の政治活動が制限されていますが（公職選挙法第201条の5～第201条の9）、国民投票法第108条は、選挙運動の期間中であっても、政党等が国民投票運動を行うことができるとし、国民投票運動の優位性を明確にしています。

●任期満了選挙の運動期間・期日と国民投票

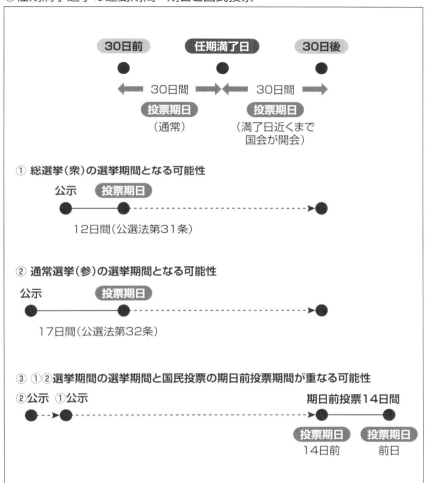

(出典)国民民主党「国民投票法改正案関係資料3-1」(2019年5月21日)を基に、筆者作成。

4-3

国民投票権年齢

ポイント

2018年6月21日以降、国民投票権は18歳以上の者に認められています。「18歳」到達の判断は、選挙権年齢と同じく、投票期日の前日「全部基準」に拠ります。

■ 4-3-1 18歳国民投票権は2018年6月に実現

図は、国民投票権年齢（国民投票の有権者となる年齢）の推移を示しています。国民投票法の全面施行日 (a) 2010年5月18日には、国民投票権年齢が18歳以上か、20歳以上か、いずれにも確定しない状態になってしまいました。その理由は、8-3で改めて解説しますが、2007年制定法附則第3条第1項（現在は削除）が18歳国民投票権の実現の前提条件として掲げていた18歳選挙権、18歳成年等の法整備が、その期限 (a) までに行われなかったからです。国民投票権年齢を早急に確定させる必要が生じたにもかかわらず、その是正にはさらに4年を要しました。ようやく2014年6月20日に公布、施行された2014年改正法附則第2項では、施行後4年以内（2018年6月20日まで）に執行される国民投票の投票権年齢は20歳以上、4年以降（2018年6月21日以降）に執行されるものについては18歳以上とする（自動的に引き下げる）こととされたのです。国民投票法の制定時には想定できなかった複雑な経緯を辿りましたが、現在は、18歳国民投票権が実現しています。

●国民投票権年齢の推移

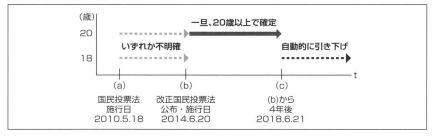

■ 4-3-2 前日全部基準による、18歳国民投票権

年齢計算に関する法律第2条、民法第143条第2項本文により、年齢計算

については「その起算日（出生日）に応当する日の前日に満了する。」とされます。「前日に満了する」とは一般に、前日の午後12時を以て満了することと解されています（前日満了基準）。すなわち、個人の年齢は、その者の出生日の前日の午後12時（当日の午前0時）に加算されます。年齢法制上は、この前日満了基準が原則です（民法、少年法、児童福祉法など）。例えば、2025年5月1日に生まれた人は、2026年4月30日の満了、すなわち5月1日午前0時に「1歳」となります。しかし、例外もあります。出生日の前日（の午前0時）を以て年齢が加算されるという、前日全部基準を採用する法定年齢もあります。例えば、選挙権年齢です。前日全部基準により、18歳の出生日の前日午前0時以降の全部（午後12時までの24時間）が、選挙権を取得する日となります。選挙権取得要件としての「年齢満20年以上」（当時）の意義が争われた事件において、大阪高等裁判所は、「年齢の計算については、年齢計算に関する法律により、出生の日から起算し、民法第143条を準用するものとされている。したがって、一般的には満20年の始期については出生の日を一日として計算し、終期は20年後の出生の日に応当する日の前日の満了（正確には午後12時の満了）をいうのであるが、被選挙権に関する公職選挙法第10条第2項において、年齢は選挙の「期日」により算定すると規定されており、この被選挙権に関する規定は選挙権についても類推適用されると解すべきであり、（中略）満20年に達する前示出生応当日の前日の午後12時を含む同日午前0時以降の全部が右選挙権取得の日に当たるものと解することができる」と判示し、従来の政府見解と同じ論旨、結論を採用しています（1979年（行ケ）2号・選挙無効請求事件『高裁判例集』第32巻2号、224頁）。

運用例はありませんが、国民投票権年齢も「国民投票の期日現在」が基準となります（国民投票法第22条第1項）。仮定に過ぎませんが、2030年12月22日（日）が投票期日であるとすると、2012年12月23日までに生まれた者が投票権を有します。一日過ぎているので、投票資格を逃しているかのように見えますが、実は計算上、前日（全部）に18歳に達しているのです。

前日全部基準に則る法定年齢
○選挙権年齢、被選挙権年齢（前述）
○国民保険の被保険者資格（20歳、国民年金法第8条第1項第1号）
○小学校の就学義務年齢（6歳、学校教育法第17条第1項）　など

4-4 選挙権との比較

> **ポイント**
>
> 選挙権と国民投票権は、年齢要件においては同一です。しかし、国民投票権は、(1)**住民居住要件が不要とされる点**、(2)**公民権停止中の者の投票資格が認められる点**、で異なります。

4-4-1 住民居住要件（3か月以上）は無し

　公職選挙法第9条第1項は「日本国民で年齢満18年以上の者は、衆議院議員及び参議院議員の選挙権を有する。」と、同条第2項は「日本国民たる年齢満18年以上の者で引き続き3箇月以上市町村の区域内に住所を有する者は、その地方公共団体の議会の議員及び長の選挙権を有する。」と定めています。

　条文上、国政選挙では「年齢要件」のみ、地方選挙では年齢要件に加えて「3か月居住要件」が課されています。

　しかし、実務上は、国、地方を問わず、市区町村が調製し、使用される選挙人名簿は共通です。その登録は、18歳以上の者でその住民票が作成された日から3か月以上住民基本台帳に記録されている者について行われます（公職選挙法第21条第1項）。共通の取扱いとする点は、選挙事務の適正かつ能率的な執行のため、選挙人名簿の正確性を確保するためであり（政府見解）、一定の合理性が認められるところです。

　国民投票に関しては、居住要件は定められていません。さらに、投票人名簿の被登録資格（国民投票法第22条以下）に関しては、4-6で解説します。

4-4-2 公民権停止中の者も資格有

　選挙では、拘禁刑以上の刑に処せられその執行を終わるまでの者（公職選挙法第11条第1項第2号）、選挙犯罪による受刑者（第252条）など公民権停止中の者は、選挙権、被選挙権が認められません。

　しかし、国民投票では、公民権停止中の者であっても、投票権を有します。憲法改正国民投票は、主権者としての直接的意思表示をする機会であり、投票権の保障は選挙よりも重視（配慮）すべきという考えに基づいています。

また、すべての選挙は数年に一度必ず執行されますが、国民投票は人の一生のうち一度あるかないかの頻度であり、かつその決定が将来にわたって国の統治に影響することから、投票権者の範囲はできるだけ広い方が望ましいと考えられています。受刑者等の実際の投票は、4-9で解説する不在者投票の手続によります。

　なお、4-7で解説する閲覧の手続によって、投票人名簿に記載された住所により特定の刑事施設に収容されている事実が明らかになり、被収容者のプライバシーが侵害されるおそれも生じうることから、実務上万全の対応が必要です。

4-5 投票に関する諸原則

> **ポイント**
> 一人一票など、国民投票に関する4つの基本原則が定められています。

4-5-1　一人一票の原則

第一に、一人一票の原則です。

憲法第14条第1項が「法の下の平等」を定めていることを受け、国民投票も、憲法改正案ごとに一人一票に限ることとされます（国民投票法第47条）。

なお、国政選挙では、人口（有権者）の数と選挙で選ばれる者の数が選挙区ごとに異なる結果、一票の較差の問題が都度生じますが、国民投票は全都道府県の区域を通じて実施されるものであり（国民投票法第6条）、区割りはないことから、一票の較差の問題は生じません。

4-5-2　秘密投票の原則

第二に、秘密投票の原則です。

憲法第15条第4項は、「すべて選挙における投票の秘密は、これを侵してはならない。選挙人は、その選択に関し公的にも私的にも責任を問はれない。」と定めていますが、選挙に関するこの規定は、国民投票についてもその趣旨が当てはまります。

国民投票法は、投票用紙に投票人の氏名を記載してはならないとし（第57条第2項）、記載した場合には無効となります（第82条第2号）。また、「何人も、投票人のした投票の内容を陳述する義務はない。」と定めています（第66条）。

4-5-3　投票期日・投票所投票の原則

第三に、投票期日・投票所投票の原則です。

投票人は、国民投票の期日において、居住する市区町村の投票区に設けられた投票所に自ら行き、投票をしなければなりません（国民投票法第48条第5項、第50条、第55条第1項）。投票期日投票には、期日前投票、不在者投票および在外投票という例外があります（4-8、4-9、4-10で解説します）。

また、投票所投票の例外として、2021年改正により、共通投票所の制度が設けられています。市区町村の選挙管理委員会は、投票人の投票の便宜のため、投票の当日、投票所のほか、その指定した場所に、その市区町村の区域内のいずれの投票区に属する投票人も投票をすることができる共通投票所を設けることができます（国民投票法第52条の2、国民投票法施行令第59条の2～第59条の4）。選挙では、第24回参議院議員通常選挙（2016年7月10日執行）を皮切りに、商業施設等での設置例があります。

4-5-4　自書投票の原則

　第四に、自書投票の原則です。
　投票人は、投票所において、投票用紙の記載欄に自書しなければなりません（国民投票法第57条第1項）。例外として、自書できない投票人のために、代理投票の制度があります（同法第59条、国民投票法施行令第52条）。6-1で解説します。

4-6

投票人名簿等の調製

> **ポイント**
>
> 市区町村は、投票期日の50日前（登録基準日）に、資格要件を照らし合わせて「投票人名簿」を調製します。

4-6-1 投票人名簿の調製

　国民投票が行われる場合、市区町村の選挙管理委員会は、投票人名簿を調製します（国民投票法第20条第1項）。

　投票人として投票をするためには、投票人名簿に登録されていることが必要です（国民投票法第53条）。投票人名簿には、投票人の氏名、住所、性別および生年月日等が記載されます（国民投票法第21条第1項、国民投票法施行令第2条）。

　投票人名簿に登録されるための資格は、国民投票が行われる日現在、満18歳以上の者で、次のいずれかに該当するものです（国民投票法第22条第1項第1号・第2号）。

〔第1号資格者〕
　国民投票が行われる期日の50日前に当たる日（登録基準日）において、当該市区町村の住民基本台帳に記録されている者、です。
　多くの投票人が、第1号資格者に該当します。市区町村の選挙管理委員会は、登録基準日の翌日（投票期日49日前）に、第1号資格者を投票人名簿に登録します。

〔第2号資格者〕
　登録基準日の翌日から14日以内（※）に当該市区町村の住民基本台帳に記録された者であって、登録基準日においていずれの市区町村の住民基本台帳にも記録されていないもの、です。
※この14日間は、特定期間と呼ばれます。市区町村の選挙管理委員会は、投票期日26日前に、第2号資格者を投票人名簿に登録します。

4-6-2 登録基準日以後の作業

市区町村の選挙管理委員会は、登録基準日の翌日から14日間に、当該市区町村の住民基本台帳に記録された者を抽出し、第2号資格者に該当するかどうかの確認作業を、投票期日27日前まで行います。

国内の転入者の場合には、登録基準日および登録基準日の翌日から14日間における住民基本台帳の記録の有無について、転入前の市区町村に照会が行われます。国外の転入者の場合、国外の転出日および最終住所地を本籍地の市区町村に照会が行われます。国内、国外、いずれの転入者の場合にも、登録基準日における在外選挙人名簿への登録の有無について、本籍地の市区町村に照会が行われます。

市区町村の選挙管理委員会は、死亡した者、国籍を喪失した者、投票人名簿登録の際に登録されるべきでなかったことが判明した者について、随時、抹消処理を行います（国民投票法第29条）。

●投票人名簿の調製スケジュール

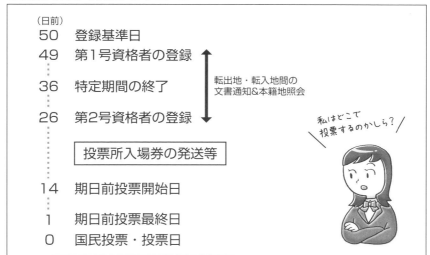

4-6-3 在外投票人名簿の調製

海外に在住する日本国民も、国政選挙と同様、在外投票を行うことができます。

在外投票を行うためには、在外投票人名簿に登録される必要があります（国

民投票法第53条第1項)。市区町村は国民投票が行われる場合、投票人名簿とは別に在外投票人名簿を調製します(国民投票法第33条第1項)。在外投票人名簿には、投票人の氏名、最終住所または申請の時の本籍、性別、生年月日等が記載されます(国民投票法第34条第1項、国民投票法施行令第13条)。

在外投票人名簿に登録されるための資格は、国民投票の期日現在18歳以上の者で、次のいずれかに該当するものです(国民投票法第35条第1号～第3号)。

〔第1号資格者〕
投票期日50日前に当たる日(登録基準日)において、当該市区町村の在外選挙人名簿に登録されている者(ただし、登録基準日においていずれかの市区町村の住民基本台帳に記録されている者を除く)。在外選挙人名簿とは、選挙の在外投票のために、市区町村が調製しているものです(公職選挙法第30条の2以下)。

〔第2号資格者〕
在外投票人名簿の登録の申請をした者(在外投票人名簿の登録を行おうとする日においていずれかの市区町村の投票人名簿または在外投票人名簿に登録されている者を除く)

〔第3号資格者〕
登録基準日の翌日以後、在外選挙人名簿への登録の移転がされた者(在外投票人名簿の登録を行おうとする日においていずれかの市区町村の投票人名簿または在外投票人名簿に登録されている者を除く)

第1号資格者は在外選挙人名簿から職権登録された者、第2号資格者は在外投票人名簿への登録を申請した者です。

第3号資格者は、2021年改正により追加されました。公職選挙法では、国民が出国する時に市区町村の窓口で在外選挙人名簿への登録を申請できる制度が設けられていますが(出国時申請)、国民投票の期日50日前に当たる登録基準日の直前に出国した場合に、在外選挙人名簿には登録されても、在外投票人名簿には登録されないという場合が生じうるため、この「隙間」を補うことを目的とした改正内容となっています(出国時申請に伴う在外選挙人名簿登録の空白の救済)。

ケース1、ケース2の違いは、出国時申請のタイミングによって、有権者が在外選挙人名簿に登録される日と、在外投票人名簿に自動的に登録される登録基準日との間に先後関係が生じる点です。

ケース1では、登録基準日の前に在外選挙人名簿に登録されているので、在外投票人名簿にも登録され、国民投票の資格を得ることになります。しかし、ケース2では、登録基準日の後に在外選挙人名簿に登録されているので、基準日を過ぎ、在外投票人名簿には登録されず、国民投票の資格を得られないことになります。2021年改正によって、ケース2の事例が救済されました。

●出国時申請と在外投票人名簿の登録

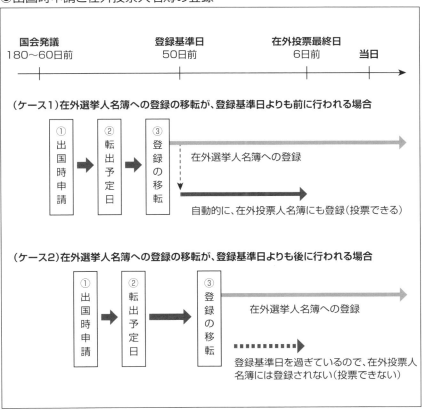

（出典）衆議院憲法審査会事務局『衆憲資第96号 日本国憲法の改正手続に関する法律の一部を改正する法律案（細田博之君外7名提出、第196回国会衆法第42号）に関する参考資料』22頁の図を基に、筆者作成。

4-7 投票人名簿等の閲覧

> **ポイント**
>
> 投票人名簿、在外投票人名簿（それぞれの抄本）は、申出によって閲覧することができます。ただし、一定の拒否事由に該る場合には、閲覧は認められません。

■ 4-7-1　名簿抄本は閲覧可能

　投票人名簿、在外投票人名簿は、所定の手続に従って閲覧することができます。

　市区町村の選挙管理委員会は、中央選挙管理会が定める期間（投票期日24日前から15日前までの10日間を想定）、特定の者が投票人名簿に登録された者であるかどうかの確認を行うために、投票人から投票人名簿の抄本を閲覧することが必要である旨の申出があった場合には、その確認に必要な限度において抄本を閲覧させなければなりません（国民投票法第29条の2第1項）。登録に関して不服がある投票人は、前述の期間内において、異議の申出を行うことができます（第25条第1項等）。

　抄本閲覧の申出には、①申出者の氏名、②抄本の閲覧により知り得た事項（閲覧事項）の利用目的、③閲覧事項の管理の方法、④その他総務省令で定める事項を明らかにしなければなりません（国民投票法第29条の2第2項）。④その他総務省令で定める事項とは、申出に係る投票人の氏名、住所その他の当該投票人を特定するに足りる事項です（国民投票法施行規則第3条第1項）。

■ 4-7-2　閲覧の拒否

　もっとも、閲覧は常に認められるわけではありません。

　市区町村の選挙管理委員会は、㋐閲覧事項を不当な目的に利用されるおそれがあること、㋑閲覧事項を適切に管理することができないおそれがあること、㋒その他申出に係る閲覧を拒むに足りる相当な理由があると認めるときは、閲覧を拒むことができます（国民投票法第29条の2第3項）。

　また、市区町村の選挙管理委員会は、投票人の申出により閲覧させる場合

を除いては、抄本を閲覧させることができません（国民投票法第29条の3第7項）。

4-7-3　申出者の義務と選管による勧告・命令

　申出者は、閲覧事項の漏えいの防止その他の閲覧事項の適切な管理のために必要な措置を講じなければなりません（国民投票法第29条の2第4項）。また、申出者は、本人の事前の同意を得ないで、閲覧事項を利用目的以外の目的のために利用し、または第三者に提供してはなりません（同法第29条の3第1項）。

　市区町村の選挙管理委員会は、①申出者が偽りその他不正の手段により抄本の閲覧をした場合、②本人の事前の同意を得ないで閲覧事項を利用目的以外の目的のために利用し、または第三者に提供した場合、個人の権利利益を保護するために必要があると認めるときは、その申出者に対し、閲覧事項が利用目的以外の目的で利用され、または第三者に提供されないようにするための措置を講ずることを勧告することができます（国民投票法第29条の3第2項）。

　また、勧告を受けた者が正当な理由がなくてその勧告に係る措置を講じなかった場合において、個人の権利利益が不当に侵害されるおそれがあると認めるときは、その者に対し、その勧告に係る措置を講ずることを命ずることができます（国民投票法第29条の3第3項）。

　さらに、前記の勧告、命令を行ったにもかかわらず、①申出者が偽りその他不正の手段により抄本の閲覧をした場合、②本人の事前の同意を得ないで閲覧事項を利用目的以外の目的のために利用し、または第三者に提供した場合、個人の権利利益を保護するために特に必要があると認めるときは、申出者に対し、閲覧事項が利用目的以外の目的で利用され、または第三者に提供されないための措置を講ずることを命ずることができます（国民投票法第29条の3第4項）。

　市区町村の選挙管理委員会は、第29条の2、第29条の3の規定の施行に必要な限度において、申出者に対し、必要な報告をさせることができます（国民投票法第29条の3第5項）。

4-7-4 閲覧状況の公表

　市区町村の選挙管理委員会は、その定めるところにより、国民投票の期日後遅滞なく、抄本の閲覧の状況について、①申出者の氏名、②利用目的の概要、③その他総務省令で定める事項を公表するものとされます（国民投票法第29条の3第6項）。③その他総務省令で定める事項とは、閲覧の年月日、閲覧に係る投票人の範囲です（国民投票法施行規則第3条の2第2項）。

4-7-5 在外投票人名簿への準用

　投票人名簿の抄本の閲覧手続に関する規定は、在外投票人名簿についても準用されます（国民投票法第42条の2）。

4-8 期日前投票

> **ポイント**
> 投票期日の14日前から投票期日の前日まで、期日前投票を行うことができます。

4-8-1　期日前投票の要件

　国民投票には、選挙と同様、期日前投票の制度が設けられています（国民投票法第60条）。投票期日14日前から投票期日の前日まで、期日前投票所において可能です。仮に2030年12月22日（日）が投票期日であるとすると、12月8日（日）から21日（土）までが期日前投票期間となります。

　期日前投票は、次のいずれかの事由が認められる場合に可能です（同条第1項各号）。

> ①職務もしくは業務、または総務省令で定める用務に従事すること
> ②用務（①の総務省令で定めるものを除く。）または事故のためその属する投票区の区域外に旅行または滞在すること
> ③疾病、負傷、妊娠、老衰もしくは身体の障害にあるため、もしくは産褥にあるため歩行が困難であること、または刑事施設、労役場、監置場、少年院もしくは少年鑑別所に収容されていること
> ④交通至難の島その他の地で総務省令で定める地域に居住していること、または当該地域に滞在をすること
> ⑤その属する投票区のある市区町村の区域外の住所に居住していること
> ⑥天災または悪天候により投票所に到達することが困難であること

　①の総務省令で定める用務とは、葬式の喪主等冠婚葬祭の主宰をする者、その者の親族その他社会通念上これらの者に類する地位にあると認められる者が、その冠婚葬祭において行うべきものを指します（国民投票法施行規則第24条）。選挙実務上の取扱いでは、「社会通念上これらの者に類する地位にあると認められる者」には、仲人、司会、手伝い等が含まれます。

④の総務省令で定める地域は、選挙と共通です（国民投票法施行規則第25条、公職選挙法施行規則別表第一）。

　投票人は、期日前投票をしようとする場合においては、前記①から⑥までに掲げる事由のうち国民投票の期日、自らが該当すると見込まれる事由を申し立て、かつ、その申立てが真正であることを誓う旨の「宣誓書」を提出しなければなりません（国民投票法施行令第61条）。この点、選挙実務の上では、宣誓書は投票所入場券の裏面に印刷されており、投票人に必要事項を記入させる方式が採られています。

4-8-2　期日前投票の運用

　期日前投票所は原則、午前8時30分に開き、午後8時に閉じます（国民投票法第51条第1項本文、第60条第6項）。

　2021年改正により、市区町村が一つの期日前投票所を設ける場合には、開始時刻と終了時刻をそれぞれ最大2時間延長できるほか、二以上の期日前投票所を設ける場合には、午前8時30分から午後8時までの間、少なくとも一つの期日前投票所が開いていれば、開始時刻および終了時刻を短縮したり、それぞれ最大2時間延長したりできます（第60条第6項による第51条第1項ただし書の読み替え）。この場合、午前6時30分から午後10時までの幅での長時間運用が可能となります。

　市区町村の選挙管理委員会は、期日前投票所を設ける場合には、当該市区町村の人口、地勢、交通等の事情を考慮して、期日前投票所の効果的な設置、期日前投票所への交通手段の確保その他の投票人の投票の便宜のため必要な措置を講ずるものとされます（国民投票法第60条第7項）。また、実際に国民投票が執行される場合には、投票期日の7日前、2日前、前日における期日前投票者数が集計され、公表される予定です。

　次ページの表のとおり、国政選挙において当日投票所の数は減少の一途をたどっていますが、期日前投票所、期日前投票者の数は増加傾向にあります。国民投票においても、期日前投票の制度が積極的に利用されることが見込まれます。

●国政選挙における期日前投票所・投票者数

	選挙期日	期日前投票所数(か所)	期日前投票者数(人)	当日投票所数(か所)	投票者総数(人)
衆	2005.09.11	4,451	8,962,911	53,021	69,526,624
参	2007.07.29	4,519	10,798,737	51,742	60,813,926
衆	2009.08.30	4,572	13,984,085	50,978	72,019,655
参	2010.07.11	4,642	12,085,636	50,311	60,255,670
衆	2012.12.16	4,755	12,038,237	49,213	61,699,475
参	2013.07.21	4,801	12,949,173	48,777	54,798,883
衆	2014.12.14	4,861	13,152,985	48,617	54,743,087
参	2016.07.10	5,308	15,978,516	47,902	58,094,005
衆	2017.10.22	5,384	21,379,977	47,741	56,952,676
参	2019.07.21	5,720	17,062,816	47,033	51,671,922
衆	2021.10.31	5,940	20,579,825	46,466	58,901,617
参	2022.07.10	6,157	19,614,048	46,016	54,655,446
衆	2024.10.27	6,393	20,955,450	45,429	55,935,743

（出典）総務省公表資料を基に筆者作成。

4-9 不在者投票

> **ポイント**
>
> 投票人は、居住する（投票人名簿に登録された）市区町村以外の市区町村で投票する場合のほか、船舶、病院等で不在者投票を行うことができます。

4-9-1 不在者投票の要件

　国民投票には、選挙と同様、不在者投票の制度が設けられています（国民投票法第61条）。

　期日前投票（同法第60条）をしようとする投票人は、その方法によるほか、不在者投票管理者の管理する「投票を記載する場所」において、投票用紙に投票の記載をし、これを封筒に入れて不在者投票管理者に提出することができます。

　不在者投票をしようとする投票人は、投票期日の前日までに、その登録されている投票人名簿の属する市区町村の選挙管理委員会の委員長に対して、直接に、または郵便等をもって、その投票をしようとする場所を申し立てて、投票用紙および投票用封筒の交付を請求することができます（国民投票法施行令第64条第1項）。この場合、申立てが真正であることを誓う旨の宣誓書を併せて提出しなければなりません（同施行令第66条）。

　その登録されている投票人名簿の属する市区町村以外の市区町村において投票をしようとする場合のほか、①船舶、②病院、③老人ホーム、④原子爆弾被爆者養護ホーム、⑤国立保養所、⑥身体障害者支援施設、⑦保護施設、⑧刑事施設、⑨労役場、⑩監置場、⑪留置施設、⑫少年院、⑬少年鑑別所において不在者投票をすることができます（国民投票法施行令第64条第1項、第72条）。これらの「不在者投票施設」においては、施設等の長が不在者投票管理者となります（同施行令第69条第2項～第4項）。

　また、国民投票の期日において期日前投票事由（国民投票法第60条第1項各号）に該当すると見込まれる投票人で現に国民投票の投票権を有しないもの（投票期日には18歳に達する者で、期日前投票を行う日には18歳に達していないもの）は、その者が登録されている投票人名簿の属する市区町村

の選挙管理委員会の委員長に対して、直接に、投票用紙および投票用封筒の交付を請求できます（国民投票法施行令第64条第2項）。

4-9-2　重度障害者による不在者投票（郵便）

　重度障害者とは、身体障害者福祉法第4条に規定する身体障害者、戦傷病者特別援護法第2条第1項に規定する戦傷病者、または介護保険法第7条第3項に規定する要介護者で、それぞれ政令で定めるものをいいます（国民投票法施行令第73条各号）。

　重度障害者は、自宅などその現在する場所において投票用紙に投票の記載をし、郵便、信書便による方法によって、市区町村の選挙管理委員会の委員長に送付することができます（国民投票法第61条第2項）。

　投票用紙に自書することができない者として政令で定めるものは、代理投票をさせることができます（国民投票法第61条第3項、国民投票法施行令第75条）。

4-9-3　特定国外派遣組織における不在者投票

　特定国外派遣組織に属する投票人は、国外にある不在者投票管理者の管理する投票を記載する場所において、投票用紙に投票の記載し、これを封筒に入れて不在者投票管理者（組織の長）に提出する方法で不在者投票を行うことができます（国民投票法第61条第4項～第6項、国民投票法施行令第69条第5項）。

　特定国外派遣組織とは、法律の規定に基づき国外に派遣される組織のうち、㋐その組織の長がその組織の運営について管理または調整を行うための法令に基づく権限を有すること、㋑その組織が国外の特定の施設または区域に滞在していること、という2つの要件を充たし、その組織において不在者投票が適正に実施されるものとして政令で定めるものをいいます（国民投票法第61条第5項）。

　具体的には、次に掲げる組織のうち、その組織に属する投票人の数、その組織が国外において業務を行う期間（国外派遣期間）、およびその組織の活動内容に照らしてその組織において不在者投票が適正に実施されると認められるものとして、総務大臣が関係大臣と協議して指定されます（国民投票法施行令第80条第1項）。その指定は告示によります（同条第2項）。

〔特定国外派遣組織〕
① 海賊行為の処罰及び海賊行為への対処に関する法律第7条第1項の規定に基づき国外に派遣される自衛隊の部隊
② 国際連合平和維持活動等に対する協力に関する法律第4条第2項第4号に規定する国際平和協力隊
③ 防衛省設置法第4条第1項第9号に規定する教育訓練を国外において行う自衛隊の部隊等(自衛隊法第8条に規定する部隊等をいう。)
④ 国際緊急援助隊の派遣に関する法律第1条に規定する国際緊急援助隊

4-9-4　指定船舶・便宜置籍船における不在者投票

　指定船舶、便宜置籍船に乗って遠洋区域を航海する船員、実習生は、不在者投票管理者(船長)の管理する場所において、総務省令で定める投票送信用紙に投票の記載をし、これを総務省令で定める市区町村の選挙管理委員会の委員長にファクシミリ装置を用いて送信する方法により、不在者投票を行うことができます(国民投票法第61条第7項、国民投票法施行令第69条第6項)。

　ファクシミリの送信先としては、北海道稚内市から沖縄県那覇市まで54の市区町が定められています(国民投票法施行規則第45条、公職選挙法施行規則別表第三)。

4-9-5　南極地域調査組織における不在者投票

　南極地域観測隊員等は、総務省令で定める投票送信用紙に投票の記載をし、これを総務省令で指定する市区町村の選挙管理委員会の委員長にファクシミリ装置を用いて送信する方法により不在者投票を行うことができます(国民投票法第61条第9項、国民投票法施行令第69条第7項)。

　総務省令は、南極投票の投票送信用紙等を交付する市区町村として、東京都中央区および港区を指定しています(国民投票法施行規則第52条、公職選挙法施行規則第17条の2の3)。

4-9-6　不在者投票管理者の責務

不在者投票管理者は、市区町村の選挙管理委員会が選定した者を投票に立ち会わせることその他の方法により、不在者投票の公正な実施の確保に努めなければなりません(国民投票法第61条第10項、国民投票法施行令第69条)。

4-9-7　不在者投票に関する調書

投票人が登録されている投票人名簿または在外投票人名簿の属する市区町村の選挙管理委員会の委員長は「不在者投票事務処理簿」を備え、次に掲げる規定によってとった措置の明細その他必要と認める事項を記載しなければなりません(国民投票法施行令第89条第1項)。

○投票用紙および投票用封筒の請求(国民投票法施行令第64条)
○投票用紙、投票用封筒および不在者投票証明書の交付(同施行令第67条)
○投票人が登録されている投票人名簿の属する市区町村における不在者投票の方法(同施行令第71条)
○郵便等による不在者投票における投票用紙および投票用封筒の請求および交付(同施行令第77条)
○特定国外派遣隊員の長による投票用紙および投票用封筒の請求等(同施行令第81条第4項～第7項)
○不在者投票の送致(同施行令第88条)

4-10 在外投票

> **ポイント**
>
> 海外に在住する有権者は、国政選挙と同様、在外投票を行うことができます。(1)在外公館投票、(2)郵便投票、(3)帰国投票、の3つの方法があります。

■ 4-10-1 在外公館投票

　在外公館投票は、国民投票の投票期日14日前から6日前までの間に、投票人が自ら在外公館の長の管理する投票を記載する場所（在外公館等投票記載場所）へ行き、在外投票人証（または在外選挙人証）、および旅券その他の政令で定める文書を提示して、投票用紙に投票の記載をし、これを封筒に入れて在外公館の長に提出する方法です（国民投票法第62条第1項第1号、国民投票法施行令第94条〜第100条）。

■ 4-10-2 郵便投票

　郵便投票は、投票人の現存する場所において投票用紙に投票の記載をし、これを在外投票人名簿の属する市区町村の選挙管理委員会の委員長に対し、郵便等により送付する方法です（国民投票法第62条第1項第2号、国民投票法施行令第101条、第102条）。投票人は、投票期日の4日前までに、書面により、登録地の市区町村の選挙管理委員会の委員長に対して、投票用紙、投票用封筒を請求することができます。

　在外公館投票、郵便投票は、いずれかの一つの方法によることとされます。

■ 4-10-3 帰国投票

　投票人が日本に帰国し、在外投票人名簿の登録地である市区町村の、在外投票を扱う投票区（指定在外投票区）で投票する方法です（国民投票法第62条第2項、国民投票法施行令第103条）。

　期日前投票、不在者投票（登録地以外の場所での投票）の方法によることもできます。

5-1

国民投票運動の自由と限界

> **ポイント**
>
> 国民投票運動は「原則自由」です。国民投票運動の主体、方法、時間、期間、場所、素材などは、選挙運動よりも広範に認められます。

5-1-1 国民投票運動は「原則自由」

国民投票法の立法理念に、「国民投票運動は原則自由」という柱があります。議員、首長の選挙とは異なり、主権者である国民誰もがその運動主体となり得る地位にあり、自ら表決を行うという憲法改正国民投票の重要性に鑑み、運動の自由度は高くなければならないという立法方針が、当時、党派を超えて支配的でした。規制する場合には、その目的が必要不可欠であり、目的達成の手段が最小限度でなければならないことが、特に強く認識されていたのです。

国民投票法第7節（第100条～第108条）には、「国民投票運動」という見出しが付されています。第100条は、「この節（第7節）及び次節（第8節 罰則）の規定の適用に当たっては、表現の自由、学問の自由及び政治活動の自由その他の日本国憲法の保障する国民の自由と権利を不当に侵害しないように留意しなければならない。」と規定し、国民投票運動の原則自由を裏打ちしています。そして第1節（総則）第9条は、「検察官、都道府県公安委員会の委員及び警察官は、選挙の取締に関する規定を公正に執行しなければならない。」と定める公職選挙法第7条を準用し、国民投票運動の取締りの公正を確保することを求めています。国民投票運動の自由が一たび侵害されたら、短期間で自己回復することには困難が伴います。規制、罰則に関しては、特に慎重な運用が求められます。

5-1-2 国民投票運動の定義

国民投票運動は、「憲法改正案に対し賛成又は反対の投票をし、又はしないよう勧誘する行為」と定義されます（国民投票法第100条の2）。この定義に関して、次の二点を確認しておきます。

第一に、国民投票運動の対象は「憲法改正案」であるということです。3-1

で解説したとおり、憲法改正案とは「国会の発議に係る日本国憲法の改正案」です（国民投票法第14条第1項第1号）。国会が発議をする前は、この意味での憲法改正案は存在しないので、国民投票運動は成り立ちません。

　第二に、国民投票運動は、賛成投票・反対投票の「勧誘」を行為要素とすることです。「勧誘」といえるためには、相手方の意思に、明示的に働きかけることが必要と解されます。その相手方は特定されている必要はありません。逆に、「勧誘」をその要素に含まない行為は、国民投票運動ではなく、憲法改正案に対する「意見表明」と評価されます（両者の区分が困難な事例が生じることは、5-5で解説します）。なお定義上、投票そのものを棄権することを勧誘する行為も含まれるかどうかについて、政府解釈は確定していません。

5-1-3　国民投票運動の主体

　国民投票運動の主体に関して、法的な定義（制限）はありません。個人、団体（企業、政党、NPOなど）を問わず可能です。家族でも、友人どうしでも、仕事仲間の集まりでも、SNS上のグループでも、全く自由です。政党は本部、支部の別を問いません。選挙のように、公示ないし告示の日に届出をする必要もありません（公職選挙法第86条～第86条の4）。

　選挙では、18歳未満の者による選挙運動、18歳未満の者を使った選挙運動が禁止されていますが（公職選挙法第137条の2）、国民投票運動では年齢上の制約はありません。外国人による国民投票運動も規制されません。

　なお、政府、自治体が国民投票運動を行うことは消極に解されます。自治体の違法、不当な支出が認められる場合、住民監査請求の対象となり得ます。

●国民投票運動

5-1-4　国民投票運動の方法等

　国民投票運動の方法等に関しても原則、法的な制限はありません。

　前述のとおり、選挙では、立候補の届出を以て選挙運動を開始しますが、国民投票では届出は不要であり、任意に始め、終了することができます。無論、投票期日まで毎日、国民投票運動を行う必要はなく、中断、復帰、撤退のほか、運動方針を任意に変更（賛成→反対、反対→賛成）することも自由です。

　運動の時間に関しては、選挙では、夜間の街頭演説の禁止（公職選挙法第164条の6第1項）などの規制が設けられていますが、国民投票運動には一切の時間的制約がありません。これらの点は、各地の条例によるほか、社会常識に従うことになります。

　運動の期間に関しては、選挙では事前運動のほか、投票期日における選挙運動が禁止されていますが（公職選挙法第129条、第239条第1項）、国民投票法はこれらに相当する規定を置いていません。憲法改正案の公示前であっても「事実上の」国民投票運動を行うことができるほか、投票期日であっても（投票箱が閉まるまでの間）国民投票運動を行うことができます。

　運動の場所に関しては、選挙運動では病院、公共施設等における演説が禁止されていますが（公職選挙法第166条）、国民投票法には相当する規定がなく、制限はありません。

　運動の素材に関しては、選挙運動では、文書図画、看板、電子メール、自動車等に関する各種の制限が定められていますが（公職選挙法第142条等）、国民投票法には相当する規定がありません。

　その他、選挙運動の行為態様として禁止されているものの多くは（戸別訪問など）、国民投票運動としては自由に行うことができます。以下、その例を示します。

●国民投票運動として認められる例

①ウェブサイト、電子メールの利活用
②SNS、動画投稿サイトの利活用
③デジタル広告（SNS、オープンディスプレイ等）の掲載
④勧誘チラシ、リーフレットの作製、配布
⑤勧誘ポスターの作製、貼り付け
⑥勧誘看板の作製、設置

⑦勧誘グッズの作製、販売
⑧勧誘目的の戸別訪問、署名活動の実施
⑨決起集会、討論会の開催
⑩街頭演説の実施
⑪街宣車等を利用した遊説
⑫新聞・雑誌広告、投影広告(プロジェクション・マッピング)、車両ラッピング広告
⑬広告放送(賛成投票、反対投票の勧誘CMは投票期日の15日前まで可能)

5-1-5　国民投票運動の限界

　国民投票法が国民投票運動を原則自由としているのは、主権者である国民自らが憲法改正案に賛成するか、反対するかを判断することを通じて、国のあり方を直接、終局的に決定するという国民投票の重要性を踏まえてのことです。

　しかし、国民投票運動をまったく無制限に認めると、運動力ないし影響力のある主体が跋扈するあまり、憲法改正案に対する個人の自由な意見形成を阻害したり、公平、公正に進められるべき国民投票のプロセスが歪められるなど、その弊害も大きくなります。

　そこで国民投票法は、一定の主体制限、行為制限(一部、罰則あり)を定めています。5-2から順に解説します。

5-2

投票事務関係者に対する規制

> **ポイント**
>
> 投票管理者などの投票事務関係者は、在任中、その関係区域内において国民投票運動を行うことが禁止されます。

5-2-1 投票事務関係者による国民投票運動の禁止

　国民投票法第101条は、投票事務関係者による国民投票運動を禁止しています。投票事務関係者とは、①投票管理者、②開票管理者、③国民投票分会長、および④国民投票会長を指します。

　①投票管理者は、国民投票ごとに市区町村に置かれます(国民投票法第48条)。投票所において、投票人名簿の対照(第55条第2項)、投票用紙の交付(第56条第1項)、代理投票の許容(第59条)、仮投票の許容(第63条)、投票箱・投票録等の開票管理者への送致(第69条)、投票所の秩序維持(第74条)などの事務を担当します。

　②開票管理者も、国民投票ごとに市区町村に置かれます(国民投票法第75条)。開票所において、仮投票の受理決定(第80条第1項)、投票の点検(同条第2項)、国民投票分会長への開票の報告(同条第3項)などの事務を担当します。

　③国民投票分会長は、国民投票ごとに都道府県に置かれます(国民投票法第89条第1項)。その都道府県内の全市区町村の投票結果等を集計した国民投票分会録の作成(第92条)などの事務を担当します。

　④国民投票長は、国民投票ごとに、中央選挙管理会が選任します(国民投票法第94条第1項)。全都道府県の投票結果等を集計した国民投票会録の作成(第97条)、中央選挙管理会への報告(第98条第1項)などの事務を担当します。

　①から④までの投票事務関係者は、投票から開票、国民投票の結果の確定までの手続に関与します。その職務に関係して国民投票運動が行われると、国民投票の公正が害されるおそれが大きいことから、在職中、その関係区域内において国民投票運動をすることができないと定められているのです。

　なお、それぞれの職を任ぜられる前、職を解かれた後は、国民投票法第

101条第1項の規制は及びません。関係する区域の外であれば、国民投票運動を行うことは可能です。

投票事務関係者が本条項に違反し、国民投票運動を行った場合は、6月以下の拘禁刑、または30万円以下の罰金に処せられます（国民投票法第122条）。

5-2-2　不在者投票管理者の国民投票運動も禁止

不在者投票管理者は、業務上の地位を利用して国民投票運動をすることができません（国民投票法第61条第1項、第101条第2項、国民投票法施行令第69条）。

「業務上の地位を利用して」とは、日常の職務上有する影響力を利用することです。本条項に違反した場合には、6月以下の拘禁刑、または30万円以下の罰金に処せられます（国民投票法第122条）。

なお、投票立会人（国民投票法第49条）、開票立会人（第76条）、国民投票分会立会人（第90条）および国民投票会立会人（第95条）は、投票、開票の管理に関する権限がないため、国民投票運動は禁止されません。

●投票事務関係者に対する規制

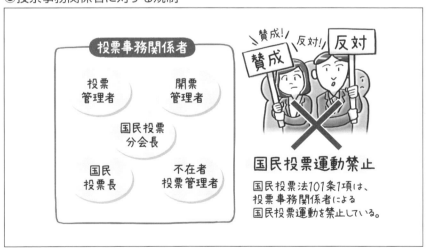

5-3
特定公務員に対する規制

> **ポイント**
> 選管委員(国、地方)、裁判官、検察官などの特定公務員は、国民投票運動が禁止されます。

5-3-1 6種の特定公務員

まず、特定公務員という名称の公務員が存在するわけではありません。公務員(国、地方)の中で特に国民投票運動が一切禁止される者を、国民投票法は特定公務員と呼んで、整理しています。国民投票法第102条は、次の6種を特定公務員として定めています。

①選管の委員・職員(中央選挙管理会の委員、中央選挙管理会の庶務に従事する総務省の職員、地方自治体の選挙管理委員会の委員・職員)
②国民投票広報協議会事務局の職員
③裁判官
④検察官
⑤公安委員会の委員(国、都道府県、方面(北海道))
⑥警察官

①から⑥までの特定公務員は、その職務の性格や、各々が有する強制力によって、投票人の意思決定に対し、他の一般職公務員ではなしえない行為が可能であることから、国民投票の公正を確保するため、国民投票運動が禁止されています。2007年制定法は、特定公務員として①と②のみを定めていました。いずれも、国民投票の管理執行に当たる機関の者です。③から⑥までは、2014年改正により追加されました。国民投票の公正を確保する観点から、国民投票に関する事件について司法判断をする者、国民投票に関する犯罪の捜査、訴追を行う者も、国民投票運動を禁止すべきであるという政策判断に基づくものです。

5-3-2 本条違反に対する罰則

特定公務員が本条に違反し、国民投票運動を行った場合には、6月以下の拘禁刑、または30万円以下の罰金に処せられます(国民投票法第122条)。

5-4
一般職公務員、教員に対する規制

> **ポイント**
>
> 公務員は、国家公務員法（人事院規則）、地方公務員法など各種の公務員法で禁止されている行為を伴わない「純粋な国民投票運動」「純粋な意見表明」を行うことができます。また、公務員、教員は、その地位を利用して国民投票運動を行うことが禁止されます（罰則なし）。

■ 5-4-1　公務員による「純粋な国民投票運動」「純粋な意見表明」は許される

　公務員（国、地方）は、その公的な職業上の身分にある前に、主権者としての地位を当然に有しています。国民投票運動（賛否の勧誘行為を要素とするもの）、憲法改正に関する意見表明（賛否の勧誘行為を要素としないもの）は本来、自由に行うことができるはずです。

　しかし、最高裁判所の判例は、憲法第15条第2項が公務員を「全体の奉仕者」と定めている趣旨などを踏まえ、公務員の政治的中立性と公務に対する国民の信頼を確保するため、公務員の政治活動の自由に対して、最小限度の制約を加えることはやむをえないとの立場を示しています。政府もこの解釈を支持し、踏襲しています。

　現在、国家公務員法（人事院規則）、地方公務員法など国民投票法より前に制定された公務員関係の法律において、一般職の公務員による「一定の政治的目的を以て行う政治的行為」が禁止されています。禁止の最たるものは選挙運動ですが、他にも、政党や政治団体を結成すること、集会等の開催を主導することなどが明文上、禁止されています。

　国民投票運動、憲法改正に関する意見表明との関係では、次のような問題が生じます。つまり、公務員による国民投票運動、憲法改正に関する意見表明の自由を徹底すると、これらに便乗したり、付随させるなどして、前記の公務員関係の法律で禁止されている政治的行為を逸脱するおそれが生じ、公務員に求められる政治的中立性が損なわれてしまうのです。

　例えば、「憲法改正案に反対しよう！」とだけ書かれたチラシを街頭で配布することは国民投票運動の範疇として許されるとしても、このチラシに、特定の

政党、議員を支持する内容が含まれている場合には、政治的中立性を確保する観点からは許されないのではないか、という別次元の問題が惹起されるのです。

そこで、公務員による国民投票運動、憲法改正に関する意見表明がどこまで許されるのか、その「線引き」が問題となります。この問題に答えを導くのが、国民投票法第100条の2の規定です。

> 第100条の2【公務員の政治的行為の制限に関する特例】
> 　公務員（日本銀行の役員（日本銀行法（平成9年法律第89号）第26条第1項に規定する役員をいう。）を含み、第102条各号に掲げる者を除く。以下この条において同じ。）は、公務員の政治的目的をもって行われる政治的行為又は積極的な政治運動若しくは政治活動その他の行為（以下この条において単に「政治的行為」という。）を禁止する他の法令の規定（以下この条において「政治的行為禁止規定」という。）にかかわらず、国会が憲法改正を発議した日から国民投票の期日までの間、国民投票運動（憲法改正案に対し賛成又は反対の投票をし又はしないよう勧誘する行為をいう。以下同じ。）及び憲法改正に関する意見の表明をすることができる。ただし、政治的行為禁止規定により禁止されている他の政治的行為を伴う場合は、この限りでない。

国民投票法第100条の2本文は、公務員による国民投票運動、憲法改正に関する意見表明をすることができるとする一方、ただし書で、公務員法制上の政治的行為禁止規定により禁止されている他の政治的行為を伴う場合は許されない、としています。法令禁止行為が伴わなければいいと、いわば、純粋な国民投票運動、純粋な意見表明のみを許容しているのです。

本条は、2014年改正により追加されました。公務員には、日本銀行の役員を含み、特定公務員を除きます。また、本来自由であるとされる「憲法改正に関する意見表明」をあえて明示しているのは、人事院規則等の下位法令において意見表明権を制約することを禁じる趣旨です。

公務員が本条に違反した場合には、国民投票法には直接の規定はありませんが、国家公務員法、地方公務員法等の規定に従って、罰則ないし懲戒処分が科せられます。

5-4-2　地位を利用した国民投票運動の禁止

　公務員は、純粋な国民投票運動は許されるものの、その地位を利用した態様のものは禁止されます。国民投票法第103条第1項は、公務員等がその地位にあるために特に国民投票運動を効果的に行い得る影響力または便益を利用して、国民投票運動をすることができない旨を規定しています。

　本条項でいう公務員等とは、①国、地方の公務員、②行政執行法人、特定地方行政執行法人の役員、職員、③沖縄振興開発金融公庫の役員、職員（公職選挙法第136条の2第1項第2号）、を指します。

　個々の具体事例において「地位利用」に該当するかどうかは、その公務員と相手方との関係、行為の場所、態様などを総合的に勘案して考察することが必要であり、一義的に判断することはできません。

　もっとも、交付金の交付、事業の実施、許認可、監査その他の職務権限を有する公務員が利害関係者等に対してその権限を利用して投票の勧誘を行うことは、「地位利用」に該当する（可能性が高い）と解されます。この点は、合法・違法の判断をめぐって現場が萎縮することがないよう、ガイドラインを作成することが望ましいといえます。

　①から③までの者が本条項に違反した場合でも、国民投票法は罰則規定を置いていません（不可罰）。もっとも公務員法制上は、信用失墜行為に該当するものとして、懲戒処分の対象となり得ます。

●公務員による国民投票運動に対する規制

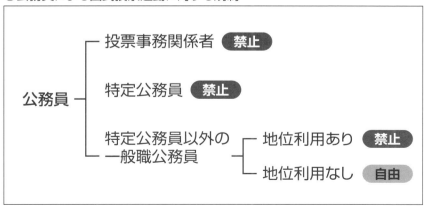

※国民投票運動、意見表明は、公務員法制上の政治的行為禁止規定により禁止されている他の政治的行為を伴うものでなければ可能。

5-4-3 教育者の地位利用も禁止

国民投票法第103条第2項は、教育者が学校の児童、生徒および学生に対する教育上の地位にあるために特に国民投票運動を効果的に行い得る影響力または便益を利用して、国民投票運動を行うことを禁止しています。

教育者とは、①学校教育法(1947年3月31日法律第26号)に規定する学校の長、教員、②就学前の子どもに関する教育、保育等の総合的な提供の推進に関する法律(2006年6月15日法律第77号)に規定する幼保連携型認定こども園の長、教員を指します。

個々具体的な事例が「地位利用」に該当するかどうかは、その教育者と相手方との関係、行為の場所、態様などを総合的に勘案して考察することが必要であり、一義的に判断することはできません。

もっとも、学生を相手に「投票しないと単位を与えない」と告げて勧誘したり、PTAの会合や家庭訪問の際に勧誘することは「地位利用」に該当する可能性が高いと解されます。授業、講義の中で憲法改正案について意見を述べただけでは、地位利用にも勧誘行為にも該当しません。公務員と同様、合法・違法の判断をめぐって現場が萎縮することがないよう、ガイドラインを作成することが望ましいといえます。

①②の者が本条項に違反した場合でも、国民投票法には罰則規定はなく、不可罰となります。

●教育者の地位を利用した国民投票運動の禁止

5-4-4　国家公務員に準ずる扱い

　教育公務員特例法（1949年1月12日法律第1号）第18条第1項【公立学校の教育公務員の政治的行為の制限】、地方公務員法第36条【政治的行為の制限】に従い、国公立の学校の長、教員（教育公務員）が主体となる政治的行為の禁止は、国家公務員と同じ扱いとされます。

　国家公務員に準ずるとされた理由は、学校教育を通じた民主主義社会の担い手育成という「国民全体への奉仕」という背景があるからです。教育公務員が政治的行為の禁止規定に違反した場合は、懲戒処分の対象とはなりますが、罰則は科されません（教育公務員特例法第18条第2項、国家公務員法第111条の2）。

5-5

広告放送規制

> **ポイント**
>
> 国民投票法は「メディア規制ゼロ」という基本原則の下、制定されています。例外的に、放送事業者に対して「放送法の定める番組編集準則の趣旨に留意する」旨を定め、さらに投票期日14日前から投票期日までの間、国民投票運動CMを放送することを禁止しています。国民投票運動CMの考査のあり方等に関しては、民放連がガイドラインを作成し、公表しています。

5-5-1 「メディア規制ゼロ」という立法理念

　国民投票法は、テレビ・ラジオの放送事業者、新聞社、通信社、出版社等の各種メディアに対して、その報道、出版等の内容に対する直接的な規制を行うことを否定しています（第100条）。

　放送事業者については後述しますが、とりわけ新聞社、雑誌社による虚偽報道の禁止（公職選挙法第148条第1項但書）、新聞、雑誌の不法利用等の制限（同法第148条の2）といった選挙に係るメディア規制は過剰で時代遅れなものであり、また、仮に同種の規律を国民投票法に定めるならば、メディア側に萎縮効果を及ぼし、自由闊達、多角的に行われるべき報道を通じて、憲法改正案に対する主権者・国民の判断、決定に資することが出来なくなる点が強く懸念されたため、採用されていません。

　立法当時、デジタルプラットフォームの存在は意識されていませんでしたが、憲法改正案に対する賛成・反対をめぐる自由な言論空間を確保する観点から、「規制ゼロ」の基本的な理念はなお、当てはまると解されます。

5-5-2 番組放送に係る留意規定

　前述のとおり、国民投票法は「メディア規制ゼロ」という立法理念が支配しているものの、放送事業者に対しては、国民投票の公平・公正を確保する観点から、政策上の考慮が必要となると考えられてきました。放送番組の内容が一過性のものであるとしても、視聴者に与える影響は測り知ることができません。報道等が客観性、公平性を犠牲にし、一方的、情緒的になされること

があれば、多数の国民が事実を歪んで受け止め、意見の形成、評価判断を誤ることが懸念されるためです。

　このような問題意識に従って、国民投票法第104条は、「放送事業者（NHK、放送大学学園を除く）は、国民投票に関する放送については、放送法第4条第1項の規定の趣旨に留意するものとする。」と規定しています。放送法第4条第1項は、次のような「番組編集準則」を定めています。

> 第4条【国内放送等の放送番組の編集等】
> ①　放送事業者は、国内放送及び内外放送（以下「国内放送等」という。）の放送番組の編集に当たつては、次の各号の定めるところによらなければならない。
> 　一　公安及び善良な風俗を害しないこと。
> 　二　政治的に公平であること。
> 　三　報道は事実をまげないですること。
> 　四　意見が対立している問題については、できるだけ多くの角度から論点を明らかにすること。

　国民投票法第104条が放送法第4条第1項を準用することで、放送事業者は、憲法改正案に係る番組を編集し、放送する際に「政治的公平性を担保し、多角的な論点提示を行うなど、自主的取組みとして留意する」という枠組みが成り立つのです。

●国民投票の広告CMの平等性

5-5-3　広告の自由と国民投票運動CM規制

　国民投票運動が積極的に展開される中で、憲法改正案に関する「賛成広告」「反対広告」が自由に掲示、掲載されることは、国民投票に臨む有権者にとって重要な意味を持ちます。広告は表現の一形態として、賛成・反対の判断を下すための思考判断の契機となり、参考素材となります。広告媒体としては、テレビ・ラジオの広告放送、新聞広告、雑誌広告、交通広告（電車内の中吊り、車両のラッピングなど）、屋外広告（野球場、サッカー場など）、屋外看板、ダイレクトメール、チラシなど様々、利用されることが想定されます。近年では、デジタル広告（スチル、動画）の台頭、普及が著しいところです。

　国民投票法は各種広告のうち、広告放送に対する規制のみ定めています（第105条）。同条の規定により、何人も、投票期日14日前から投票期日までの間、放送事業者の設備を使用して、国民投票運動のための広告放送（国民投票運動CM）をし、または、させることができません。

　投票期日14日前（14日前に当たる日の午前零時）からというのは、4-8で解説した期日前投票（国民投票法第60条）の期間の始まりと一致します。なお、違反行為があった場合でも、罰則規定はなく、不可罰となります。

　本条における規制が「スポットCM規制」と表記されることもありますが、正確ではありません。これは特定の番組の提供者（スポンサー）となるか否かでタイムCMとスポットCMが区分される際の言い回しにすぎず、概念を混乱させてしまいます。第105条の規制は、タイムCMとスポットCMを区分することなく、「国民投票運動CM」をその対象とすることに注意する必要があります。

●国民投票運動の広告媒体

5-5-4　国民投票法第105条の立法趣旨と問題点

　国民投票運動CM規制は、「投票期日14日前から」という、投票期日にかなり近接したタイミングで始まります。規制の趣旨、目的は、次の4点に整理できます。

> ①投票期日が間近に迫ったタイミングで扇情的な内容の国民投票運動CMが放送されると、有権者の判断が歪められてしまうこと。
> ②投票期日の直前期では、国民投票運動CMの内容に反論するための時間的な余裕がないこと。
> ③資金力の多寡（多い・少ない）によって、憲法改正案の賛成広告・反対広告のいずれかに放送量が偏ることがないよう、間接的に「総量規制」を及ぼす必要があること（ゼロの公平の確保）。
> ④期日前投票が行われる期間、および投票期日は、有権者が憲法改正案に対する賛成・反対について冷静な判断、熟慮をすることができるよう、一定の冷却期間を置くべきであること。

　国民投票法第105条による国民投票運動CM規制の趣旨は前記のとおりですが、以下の問題点を指摘できます。

　第一は、国民投票法第105条が、国民投票運動CMのみを規制対象としている点です。

　条文を反対に解せば、憲法改正案に対する賛成投票・反対投票の勧誘表現を含まない、つまり国民投票運動（第100条の2）には該当しないCM（意見表明CM）であれば本条の規制対象とならず、投票期日まで許されることになってしまいます。国民投票運動CM（勧誘CM）と意見表明CM（非勧誘CM）の区別は相対的なものであり、社会的な影響力のある芸能人、文化人らが出演する意見表明CMであれば事実上、国民投票運動CMに匹敵する勧誘効果を上げることが容易に想像できます。法律上は、意見表明CMの形式をとって、脱法的に放送される懸念が残っています。

　第二は、国民投票法第105条が、投票期日15日前までの国民投票運動CM、意見表明CMを許容している点です。

　つまり、憲法改正の発議の後、投票期日15日前（15日前の午後12時）までの最長166日間、賛成、反対のいずれかで資金の多い側が始終優位に立っ

て、国民投票運動CM、意見表明CMを放送し続けることが可能になってしまいます。資金に乏しい側は、CMという手段を以て、適時、有効に反論を行うことができません。

●国民投票運動CM・意見表明CMの規制

	国民投票運動CM	意見表明CM
発議日～投票期日15日前	○	○
投票期日14日前～投票期日	×（第105条）	○

5-5-5　民放連のガイドライン

　一般社団法人日本民間放送連盟（民放連）は近年、「憲法改正国民投票運動の放送対応に関する基本姿勢」（2018年12月20日）、「国民投票運動CMなどの取り扱いに関する考査ガイドラインの公表について」（2019年3月20日）をそれぞれ発表しています。後者は、番組基準と同様「民放各社が自ら判断するための参考資料」としつつ、19項目の基準を定めています。以下、全文を引用します。

●日本民間放送連盟「国民投票運動CMなどの取り扱いに関する考査ガイドラインの公表について」2019（平成31）年3月20日

（放送事業者の責務）
　日本国憲法の改正手続に関する法律（国民投票法）は、国民投票運動を「憲法改正案に対し賛成又は反対の投票をし又はしないよう勧誘する行為」と定義し、国民一人ひとりが萎縮することなく国民投票運動を行い、自由闊達に意見を闘わせることが必要であるとの考えから、国民投票運動は原則自由とされている。
　ただし、放送においては、▽国民投票に関する放送については、放送法第4条第1項の規定の趣旨に留意するものとする（第104条）、▽何人も、国民投票期日前14日から投票日までの間においては、国民投票運動のための広告放送をし、又はさせることができない（第105条）――と規定されている。これは、言論に対しては言論で対処することを前提としつつも、放送メディアの影響力の大きさを踏まえたものと言える。
　憲法改正という国の骨格を定める重要な問題について、報道・広告を含

めた放送全ての側面で、正確かつ多角的な情報を積極的に提供することは、放送事業者の当然の責務である。さらに、国民投票運動期間中に取り扱うCMについても、国民投票運動の自由を原則としつつ、放送メディアの影響力を自覚し、視聴者の利益に適うという放送基準の目的を達成するものでなければならないことは言うまでもない。

(ガイドラインの位置付け)

民放各社で国民投票運動CMを取り扱うにあたっては、他のCMと同様、自社の番組基準(民放連 放送基準)に基づき、適切な考査を行うことは当然であるが、国民投票運動というこれまで経験したことのない事象に取り組むことになる。このため、「憲法改正国民投票運動の放送対応に関する基本姿勢」で示された考え方を、民放各社が具体的な考査判断に適用できるよう、特に留意すべき事項を現時点でまとめたものが、このガイドラインである。番組基準(民放連 放送基準)の運用は、民放各社が自主・自律的に運用することとしており、この考査ガイドラインも民放各社が自ら判断するための参考資料と位置付けるものである。なお、本ガイドラインは必要に応じて見直すことがある。

(原則)

「憲法改正国民投票運動の放送対応に関する基本姿勢」は、国民投票運動CMはその内容から、より慎重な対応が求められるものであり、放送基準第89条「広告は、真実を伝え、視聴者に利益をもたらすものでなければならない」を前提に、▽広告は、たとえ事実であっても、他をひぼうし、または排斥、中傷してはならない(第101条)、▽番組およびスポットの提供については、公正な自由競争に反する独占的利用を認めない(第97条)――などについて、特に留意することを求めている。

さらに、投票を直接勧誘しないものの、国民投票運動を惹起させるCMや憲法改正に関する意見を表明するCMなどについても、主権者一人ひとりが冷静な判断を行うための環境整備に配慮することを目的に、国民投票運動CMと同様、投票期日前14日から投票日までの間は取り扱わないことを推奨している。

この「基本姿勢」を前提としつつ、これまで各社が培ってきた「意見広告」に関する考査上の留意点などを踏まえ、国民投票運動CMなどの考査に当たる必要がある。

(考査ガイドラインの適用範囲)

(1)この考査ガイドラインは、「国民投票運動CM」と「憲法改正に関する意見

を表明するCMなど」に適用する。

(2)「国民投票運動CM」とは、憲法改正案に対し賛成・反対の投票をするよう(または投票しないよう)勧誘する内容のCMを指す。

(3)「憲法改正に関する意見を表明するCMなど」とは、憲法改正案に対する賛成・反対の意見の表明にとどまり、投票の勧誘を行わない内容のCMや、憲法改正には直接言及しないものの、CM全体からみて憲法改正について意見を表明していると放送事業者が判断するCMを指す。また、意見広告や政党スポットにおいても、CM全体からみて憲法改正について意見を表明していると放送事業者が判断するCMは「憲法改正に関する意見を表明するCMなど」に含むものとする。

(4)このガイドラインで「CM」と記載している場合、「国民投票運動CM」と「憲法改正に関する意見を表明するCMなど」を指すものとする。

(広告主)

(5)広告の出稿を受け付ける法人・団体については、これまでの活動実績や放送基準各条などを踏まえ、広告主としての適否を放送事業者が総合的に判断する。

(6)個人が出稿するCMは、個人的売名につながりやすく、また、放送にはなじまないことから取り扱わない。

(7)放送事業者は、広告主の意見・主張の内容やそれぞれの立場などにかかわらず、CM出稿の要望には真摯に応対しなければならない。

(8)放送事業者は、「国民投票運動CM」および「憲法改正に関する意見を表明するCMなど」を受け付ける用意があることを、CM出稿を希望する広告主に対して明示するよう努める。

(出演者)

(9)政党その他の政治活動を行う団体がCMを出稿する場合、選挙(事前)運動であるとの疑いを排するため、政党スポットと同様、所属議員の出演は原則、党首または団体の代表のみとする。

(10)児童・青少年が出演する場合、その年齢にふさわしくない行動や意見表明を行わせるCMは取り扱わない。

(CM内容)

(11)CM内容は、たとえ事実であっても他をひぼうし、または排斥・中傷するものであってはならない(放送基準第101条)。さらに、他への名誉毀損やプラ

イバシーを侵すものであってはならない。
(12) 視聴者の心情に過度に訴えかけることにより、冷静な判断を損なわせたり、事実と異なる印象を与えると放送事業者が判断するCMは取り扱わない。
(13) 複数の意見や主張が混在して、視聴者にわかりにくい内容となっているCMは取り扱わない。
(14) 企業広告や商品広告に付加して主張・意見を盛り込むCM(「ぶら下がり」など)は取り扱わない。
(15) CMには広告主名と連絡先(CMに対する意見の受け付け窓口)を視聴者が確認できる形で明示したものでなければ、取り扱わない。
(16) 「国民投票運動CM」の場合はその旨をCM内に明示したものでなければ、取り扱わない。また、「憲法改正に関する意見を表明するCMなど」は「意見広告」である旨をCM内に明示したものでなければ、取り扱わない。

(その他)
(17) 放送事業者の意見と混同されないようにするため、CMの放送時間帯はニュースの中・直前・直後を避ける。また、特定の広告主のCMが一部の時間帯に集中して放送されることがないよう、特に留意する必要がある。
(18) 出版物やイベントの告知であっても、その内容などから国民投票に影響を与えると放送事業者が判断するCMについては、「国民投票運動CM」「憲法改正に関する意見を表明するCMなど」に準じて取り扱う。
(19) 上記の留意点を踏まえ適切な対応を行うために、十分な時間を取り、絵コンテ段階から考査を行う。

以　上

(出典)民放連ウェブサイト https://www.j-ba.or.jp/category/topics/jba102826

　基本姿勢、ガイドラインは、投票期日前15日前から投票期日までの間に行われる意見表明CMについて自主規制を及ぼす可能性を示唆しています(本文中は「取り扱わないことを推奨」という言い回しになっています)。前出の表を次のように補うことができます。

◉国民投票運動CM・意見表明CMの規制(補訂後)

	国民投票運動CM	意見表明CM
発議日〜投票期日15日前	○	○
投票期日14日前〜投票期日	×(第105条)	△(自主規制)

ガイドラインは他に、個人の広告主は受け付けないこと、CMには広告主名や連絡先を明記すること、特定の広告主によるCMが一部の時間帯に集中しすぎないようにすること、などの方針を明示しています。

ガイドラインの運用全般に関して、国民投票運動期間中に開催される国民投票広報協議会の会合において、適時、確認する必要があると考えます。

■ 5-5-6　料金、回数、時間帯等に関する条件上の平等の確保

国民投票法第104条は、放送事業者に番組編集準則の趣旨に留意する旨を定め（放送法第4条第1項の準用）、同法第105条は、投票期日14日前から投票期日までの国民投票運動CMを禁止しています。これらの外に、放送メディアに対する規制はありません。

実際上は、広告放送の料金、回数、時間帯等に関する条件上の平等を確保できるのか（賛成広告と反対広告で不平等な取扱いが生じないことが担保されているのか）という問題が残されています。

例えば、同じ料金であっても、賛成広告、反対広告のいずれか一方について、放送回数が多かったり、視聴率のより高い時間帯の枠が与えられるというケースが生じれば、その分、放送事業者の持つ影響力が歪に作用することになり、結果として国民投票の公平・公正に疑義を持たれることになりかねません。

2007年制定法の立案過程において、前記の条件上の平等を担保する旨の規定を置くことが検討されましたが、放送事業者に対する過度の介入を許すこととなる等の理由で、見送られています。放送事業者の自主的な取組みに委ねるという当時の法案提出者の答弁も残っていますが、民放連ガイドラインでもこの問題への対応は明確になっているとはいえず、今後改めて検証が必要です。

■ 5-5-7　デジタル広告の台頭により、広告放送規制を議論する意義は低下

広告放送に関する議論は、デジタル広告市場が急速に拡大する状況を踏まえて、前述のような解釈論、政策論からウエイトを移すタイミングでもあります。

総務省『令和6年版情報通信白書』によると、2023年の広告市場規模は、

デジタル広告が3兆3,330億円、テレビ広告が1兆7,347億円となり、前者が倍近い額となっています。マスコミ4媒体（テレビ、ラジオ、新聞、雑誌）広告費の2兆3,161億円をも大きく引き離す状況です。この傾向はさらに、中期的に続くとみられます。

　今後は、国民投票運動等に用いられるデジタル広告を念頭に、「著名人なりすまし」などの負の側面にも着目し、デジタルプラットフォーム事業者が講ずべき対策と必要な情報公開を進めていくことが肝要です（詳しくは7-2で論じます）。

5-6 組織的多数人買収・利害誘導罪

> **ポイント**
>
> 国民投票運動に係る買収行為に関しては、いわゆる単純買収は犯罪となりません。「組織的多数人買収」「組織的多数人利害誘導」という類型のみ、犯罪が成立します。それぞれの構成要件は、厳格に定められています。

5-6-1　選挙買収との違い

「買収」といえば、多くの方は、選挙の場面で行われるものをイメージするでしょう。①ある候補者が自分に投票してもらおうと、有権者に現金を渡したり、飲食等の接待をすること、あるいは、②本来、無償で行われるべき選挙運動のスタッフに対して、「時給〇〇円」「日当〇〇円」と約束（合意）して支払うことなどです。①は投票依頼買収（ないし投票買収）、②は運動員買収と呼ばれ、犯罪が成立します（公職選挙法第221条の規定により3年以下の拘禁刑、または50万円以下の罰金が科されます）。

①②は、買収者と被買収者が「1対1」の関係で成立するものですが（単純買収といいます）、多数人を相手に行われた場合には、刑罰がより重い、③多数人買収罪という犯罪が成立します（公職選挙法第222条の規定により5年以下の拘禁刑が科されます）。

他方、国民投票の場合には、①②の単純買収は犯罪となりません。国民投票法第109条が、③の多数人買収罪をより厳格な要件で構成し直し、組織的多数人買収罪（第1号）、同・利害誘導罪（第2号）という犯罪類型を定めるにとどまります。

●買収罪類型の違い（選挙と国民投票）

		選挙	国民投票
単純買収	投票依頼買収	〇	×
	運動員買収	〇	×
多数人買収		〇（個人主体）	×（個人主体）
		〇（組織主体）	〇（組織主体）

（出典）筆者作成　　　　　　　　　　　　　　【〇成立　×不成立】

5-6-2　組織的多数人買収罪とは

　国民投票法第109条第1号が規定する「組織的多数人買収罪」とは、一体どのような犯罪なのか、その成立要件が問題となります。条文を追いたいところですが、文が長く、接続詞が多く絡んで読みづらいので、その犯罪構成要件をフローチャートで説明します。

〔1〕組織により、
　　　　＋
〔2〕多数の投票人に対し、
　　　　＋
〔3〕憲法改正案に対する賛成または反対の投票をし、またはしないようその旨を明示して勧誘し、その投票をし、またはしないことの報酬として、
　　　　＋
〔4〕①金銭
　　②憲法改正案に対する賛成または反対の投票をし、もしくはしないことに影響を与えるに足りる物品その他の財産上の利益（国民投票運動において意見の表明の手段として通常用いられないものに限る。）
　　③公私の職務　〔〔4〕①～③のいずれかを対象に、〕
　　　　＋
〔5〕①供与
　　②供与の申込み
　　③供与の約束　（〔5〕①～③のいずれかをすること。）

　　　↓　〔1〕～〔5〕をすべて充たすと、組織的多数人買収罪が成立し、

3年以下の拘禁刑 または50万円以下の罰金が科される。

　要件〔1〕は、組織的多数人買収の主体を、「組織」に限定しています。「組織により」とは、2名以上の複数の行為者の間で、指揮命令に基づき、あらかじめ定められた任務の分担に従って、構成員が一体となって行動することです。

　要件〔2〕の「多数の投票人に対し」とは、その買収行為がなされた具体的状況に応じて、多くの者を対象とすることです。条文上、具体的に何名以上が多

数となるのかは明確でなく、現時点で確定的な解釈、基準を示すことはできません。将来、国民投票が行われた後、組織的多数人買収罪の成否が争われる刑事事件の判例が確定すれば、その事例が一応のメルクマールになり得ます。

　要件〔3〕は、憲法改正案に対する賛成・反対の投票の勧誘が、「明示的」に行われることを要求しています。「勧誘」は、外形的に明らかな行為であることが必要です。「報酬」は、一定の対価性が求められることを明記したものです（公職選挙法上の買収罪の規定には、「報酬」の文言がなく、解釈上必要とされているにとどまります）。

　要件〔4〕は、その報酬の中身として、3つを明記しています。②の「憲法改正案に対する賛成または反対の投票をし、もしくはしないことに影響を与えるに足りる物品その他の財産上の利益」とは何かが問題となりますが、その趣旨は被買収者（投票人）の投票行為に影響を与えるに足りる、一定以上の価値があるものに限定するものと解されます。国民投票運動の一環として行われている集会、街頭演説の場所で、ギフト券、宿泊・飲食の割引券などが配布されていたら、通常これらは、被買収者の投票行為に影響を与えるといえます。他方、ティッシュ、うちわ、ボールペン、クリアファイルなどが配布されていたとしても、被買収者の投票行為に影響を与える価値があるとは考えられません。また、かっこ書きに「国民投票運動において、意見の表明の手段として通常用いられないものに限る」とあります。例えば、著名なアーティスト、ミュージシャンらが参加して制作された、当該憲法改正案に関する一定のメッセージが含まれるオリジナル楽曲を無料でダウンロードさせる場合、オリジナル楽曲に財産上の価値は認められますが、ダウンロードさせることは「意見の表明の手段として通常用いられる」ものであり、不可罰となると解されます。

　要件〔5〕は、〔4〕①～③のいずれかが「供与」されることを要求しています。その約束、申込みだけでも犯罪は成立します。

5-6-3　組織的多数人利害誘導罪

　国民投票法第109条第2号は、組織的多数人利害誘導罪を定めています。
　組織的多数人買収（第1号）の成立要件が、金銭、物品等の供与（その申込み、約束を含む。）であったのに対し、利害誘導の成立要件は、多数の投票人との一定の利害関係の下で投票の「誘導」を行うことです。

　投票人との関係では、その者またはその者と関係のある社寺、学校、会社、

組合、市区町村に対する用水、小作、債権、寄附その他特殊の直接利害関係を利用することが要件となっています。法定刑は、組織的多数人買収罪と同じ、3年以下の拘禁刑、または50万円以下の罰金です。

5-6-4　買収目的交付罪

国民投票法第109条第3号は、組織的多数人買収、組織的多数人利害誘導を行う目的で、①国民投票運動を行う者に対して金銭、物品の交付（その申込み、約束を含む。）を行った場合、または、②国民投票運動を行う者が金銭、物品の交付を受けた場合（交付の要求、申込みの承諾を含む。）、に成立します。法定刑は、組織的多数人買収罪と同じ、3年以下の拘禁刑、または50万円以下の罰金です。

5-6-5　単純買収罪が設けられていない理由

選挙、国民投票に共通して言えることですが、その投票勧誘の目的で金銭が自由に（多額に）使われれば使われるほど、結果の公正さに疑義が生じ得ます。その典型例が買収です。金銭を受け取って投票人の態度が180度変わってしまっては、民主主義が金銭の影響力に下り、有権者の意思が政治に正しく反映されません。また、選挙であれば、少なくとも数年に一回「やり直し」の機会が到来するものの、国民投票は次回がいつかも分からず、しかも同一のテーマで行われるとは限りません。この意味で、買収に対しては特段の規制を設けなければならないはずです。しかし、ここには、国民投票特有の取締りの難しさがあります。

第一の理由は、国民投票では選挙と異なり、国民すべてが（選挙でいう）候補者に相当する地位になることから、小規模で、その影響が限定的な買収行為まで取り締まることが、国民投票運動の自由を著しく制約することにつながることです。国民投票運動期間中に行われる偶発的な、個人的会話レベルの憲法論議に対してさえ、萎縮効果を及ぼしかねません。

第二の理由は、国民投票の結果に関して、賛成投票数と反対投票数の差が何千万、何百万票というレベルで生じることから、そもそも小規模で、その影響が限定的な買収を取り締まる必要性が認めがたいことです。

買収行為は決して奨励の対象とはなりませんが、自ら萎縮することがないよう、選挙ほど厳格に考える必要がない点には留意する必要があります。

5-7 投票の自由・平穏を害する罪

> **ポイント**
>
> 職権濫用による国民投票の自由妨害、投票の秘密侵害などの犯罪が類型化されています。選挙犯罪と比べて、その数は限定的です。

5-7-1 職権濫用による国民投票の自由妨害罪

国民投票に関し、①国、地方公共団体の公務員、②行政執行法人、特定地方独立行政法人の役員、職員、③中央選挙管理会の委員、中央選挙管理会の庶務に従事する総務省の職員、④選挙管理委員会の委員、職員、⑤国民投票広報協議会事務局の職員、⑥投票管理者、⑦開票管理者、⑧国民投票分会長、⑨国民投票長が故意にその職務の執行を怠り、または正当な理由がなくて国民投票運動をする者に追随し、その居宅に立ち入る等その職権を濫用して国民投票の自由を妨害したときは、4年以下の拘禁刑に処せられます（国民投票法第111条第1項）。

①から⑨までの者が、投票人に対し、その投票しようとし、または投票した内容の表示を求めたときは、6月以下の拘禁刑、または30万円以下の罰金に処せられます（国民投票法第111条第2項）。

5-7-2 投票の秘密侵害罪

①中央選挙管理会の委員、②中央選挙管理会の庶務に従事する総務省の職員、③選挙管理委員会の委員、職員、④投票管理者、⑤開票管理者、⑥国民投票分会長、⑦国民投票長、⑧国民投票事務に関係のある国、地方公共団体の公務員、⑨立会人、⑩監視者が、投票人の投票した内容を表示したときは、2年以下の拘禁刑、または30万円以下の罰金に処せられます（国民投票法第112条）。その表示した事実が虚偽であるときも、同様に成立します。

5-7-3 投票干渉罪

投票所または開票所において、正当な理由がなくて、投票人の投票に干渉し、または投票の内容を認知する方法を行った者は、1年以下の拘禁刑、または30万円以下の罰金に処せられます（国民投票法第113条第1項）。

5-7-4　投票箱開披罪

　法令の規定によらないで、投票箱を開き、または投票箱の投票を取り出した者は、3年以下の拘禁刑、または50万円以下の罰金に処せられます（国民投票法第113条第2項）。

5-7-5　投票事務関係者、施設等に対する暴行罪等

　投票管理者、開票管理者、国民投票分会長、国民投票長、立会人もしくは監視者に暴行もしくは脅迫を加え、投票所、開票所、国民投票分会場もしくは国民投票会場を騒擾し、または投票、投票箱その他関係書類（関係の電磁的記録媒体を含む。）を抑留し、損ない、もしくは奪取した者は、4年以下の拘禁刑に処せられます（国民投票法第114条）。本条は、暴行罪（刑法第208条）の加重類型です。

5-7-6　多衆による国民投票妨害罪

　多衆集合して国民投票法第114条の罪を犯した者は、次の区分に従って処断されます（国民投票法第115条第1項）。

首謀者	1年以上7年以下の拘禁刑
他人を指揮し、または他人に率先して勢いを助けた者	6月以上5年以下の拘禁刑
付和随行した者	20万円以下の罰金または科料

　国民投票法第114条の罪を犯すために多衆集合し、当該公務員から解散の命令を受けることが3回以上に及んでもなお解散しないときは、首謀者は2年以下の拘禁刑、首謀者以外の者は20万円以下の罰金または科料に処せられます（国民投票法第115条第2項）。

5-7-7　投票所、開票所、国民投票会場等における凶器携帯罪

　銃砲、刀剣、こん棒その他人を殺傷するに足るべき物件を携帯して投票所、開票所、国民投票分会場または国民投票会場に入った者は、3年以下の拘禁刑、または50万円以下の罰金に処せられます（国民投票法第116条）。携帯した物件は、没収されます（同法第117条）。

5-8

投票手続に対する罪

> **ポイント**
>
> 投票人名簿への詐偽登録、詐偽投票、代理投票における記載義務違反などが犯罪として類型化されています。

■ 5-8-1　詐偽登録罪

　詐偽の方法をもって投票人名簿または在外投票人名簿に登録をさせた者は、6月以下の拘禁刑、または30万円以下の罰金に処せられます（国民投票法第118条第1項）。

　投票人名簿に登録をさせる目的をもって住民基本台帳法第22条の規定による届出（転入届）に関し虚偽の届出をすることによって投票人名簿に登録をさせた者も、6月以下の拘禁刑、または30万円以下の罰金に処せられます（国民投票法第118条第2項）。

　在外投票人名簿に登録させる目的をもって公職選挙法第30条の5第1項の規定による申請に関し虚偽の申請をすることによって在外投票人名簿に登録をさせた者も、6月以下の拘禁刑、または30万円以下の罰金に処せられます（国民投票法第118条第3項）。

■ 5-8-2　虚偽宣言罪

　投票管理者が投票人に本人である旨、宣言させる場合（国民投票法第63条第1項）において虚偽の宣言をした者は、20万円以下の罰金に処せられます（同法118条第4項）。

■ 5-8-3　投票人名簿の抄本等の閲覧に係る命令違反罪

　市区町村の選挙管理委員会が、投票人名簿の抄本の閲覧に関する勧告に係る措置を講ずることを命令した場合（国民投票法第29条の3第3項）、または閲覧事項が利用目的以外の目的で利用されないようにする等のための措置を講ずることを命令した場合（同条第4項）において、当該命令に違反した者は、6月以下の拘禁刑、または30万円以下の罰金に処せられます（同法第118条の2第1項）。在外投票人名簿の抄本の閲覧に準用される場合を含みます。

5-8-4　投票人名簿の抄本等の閲覧に係る報告義務違反罪

　市区町村の選挙管理委員会が、投票人名簿の抄本の閲覧の申出者に対して必要な報告をさせた場合に（国民投票法第29条の3第5項）、その報告をせず、または虚偽の報告をした者は、30万円以下の罰金に処せられます（同法第118条の2第2項）。在外投票人名簿の抄本の閲覧に準用される場合を含みます。

5-8-5　偽りその他不正の手段による投票人名簿の抄本等の閲覧等に対する過料

　①偽りその他不正の手段により投票人名簿の抄本または在外投票人名簿の抄本を閲覧した者、②本人の事前の同意を得ないで閲覧事項を利用目的以外の目的に利用したり、第三者に提供した者は、投票人名簿の抄本等の閲覧に係る命令違反罪、報告義務違反罪（国民投票法第118条の2）で刑を科すべき場合を除き、30万円以下の過料に処せられます（同法第125条の2各号）。

5-8-6　詐偽投票罪

　投票人でない者が投票をしたときは、1年以下の拘禁刑、または30万円以下の罰金に処せられます（国民投票法第119条第1項）。

　氏名を詐称し、その他詐偽の方法をもって投票し、または投票しようとした者は、2年以下の拘禁刑、または30万円以下の罰金に処せられます（国民投票法第119条第2項）。

5-8-7　投票偽造・増減罪

　投票を偽造し、またはその数を増減した者は、3年以下の拘禁刑、または50万円以下の罰金に処せられます（国民投票法第119条第3項）。

　本罪は、その者の身分によって、刑が加重されます。次に示す者は、5年以下の拘禁刑、または50万円以下の罰金に処せられます（国民投票法第119条第4項）。

○中央選挙管理会の委員
○中央選挙管理会の庶務に従事する総務省の職員

○選挙管理委員会の委員・職員
○国民投票広報協議会事務局の職員
○投票管理者、開票管理者、国民投票分会長、国民投票長
○国民投票事務に関係のある国・地方公共団体の公務員
○立会人、監視者

5-8-8　代理投票等における記載義務違反罪

　心身の故障その他の事由により、代理投票をなすべきと定められた者、重度障害者の不在者投票に関する代理投票人が、投票人の指示する「○」の記号を記載しなかったときは、2年以下の拘禁刑、または30万円以下の罰金に処せられます（国民投票法第120第1項・第2項）。

　重度障害者の不在者投票に関する代理投票人が、投票を無効とする目的をもって、投票に関する記載をせず、または虚偽の記載をしたときも、2年以下の拘禁刑、または30万円以下の罰金に処せられます（国民投票法第120条第3項）。

5-8-9　立会人の義務を怠る罪

　投票立会人、開票立会人が、正当な理由がなくて国民投票法に規定する義務（国民投票法第68条等）を欠くときは、20万円以下の罰金に処せられます（同法第121条）。

5-9

国民投票寄附に対する規制

> **ポイント**
>
> 不当寄附勧誘防止法の適用対象となる国民投票運動団体は、その寄附を勧誘するに際して、寄附者に対して一定の配慮義務が課せられ、一定の行為が禁止されます。違反があった場合には、行政措置ないし罰則の適用があります。

■ 5-9-1 国民投票寄附の自由

　個人は、選挙に際して、「陣中見舞い」等の名目で、候補者本人に対する寄附（1人あたり年間150万円以内という量的規制あり）をすることができます（政治資金規正法第21条の2第1項、第22条第2項）。企業、団体による、候補者本人に対する寄附は禁止されています（同法第21条第1項）。

　しかし、国民投票法は、国民投票運動に関して、前記の政治資金規正法に相当する規定を置いておらず、寄附の制限はありません。個人、団体は、国民投票運動主体に対して、任意に寄附をすることができます。国民投票運動主体の間でも可能です。

　他国の例としては、2023年10月14日、オーストラリアで執行された憲法改正国民投票に際して、Paul Ramsay財団が、YES23（賛成派団体）に対して7,013,605豪ドル（当時の為替レートで約6億5,928万円）を寄附したことが明らかとなっています（オーストラリア選挙委員会（AEC）が2024年4月2日に公開した、国民投票運動主体の寄附・支出報告のデータによる。"Referendum Donor Returns" AEC Website <https://transparency.aec.gov.au/ReferendumDonor>）。寄附報告の対象期間は2023年3月11日から10月14日までの218日間と、日本の国民投票運動期間（最長180日間）よりも長いものですが、総人口が日本の約5分の1である点に鑑みると、この寄附金額は相当大きいとみることができます。

　日本でも、国会が発議した憲法改正案の内容によりますが、「悲願の憲法改正を実現するためなら、私財をいくらでも投じる」と強い意思で実践する者が出ても、法的規制は無く、阻止できません（国民投票寄附の自由）。賛成派、反対派を問わず、運動資金を確保するための寄附の勧誘は盛んに行われると

見込まれます。「億単位」の寄附が行われる可能性もあります。

5-9-2　不当寄附勧誘防止法の適用可能性

　国民投票寄附の自由は認められても、国民投票運動を行う団体による国民投票寄附「勧誘」の自由は、不当寄附勧誘防止法の規定により、一定の制約を受けます。

　不当寄附勧誘防止法は、いわゆる旧統一教会問題を契機として2022年12月に制定された、寄附に関する一般ルールを定めたものです。立法目的は「法人等による不当な寄附の勧誘を禁止するとともに、当該勧誘を行う法人等に対する行政上の措置を定めることにより、消費者契約法とあいまって、法人等からの寄附の勧誘を受ける者の保護を図ること」です（第1条）。

　ここに「法人等」とは、①法人、②法人格を有しない社団または財団で、代表者または管理人の定めがあるもの、です。政党、企業、社会福祉法人など、すでに法人格を有している者が行う場合はもちろん（①）、アドホックに組織化される国民投票運動団体は、あくまで個別の当てはめとなりますが、権利能力なき社団として②に該当すると解されます。

5-9-3　国民投票運動団体に課される配慮義務

　不当寄附勧誘防止法第3条【配慮義務】は、次のように規定しています。

> 第3条【配慮義務】　法人等は、寄附の勧誘を行うに当たっては、次に掲げる事項に十分に配慮しなければならない。
> 　一　寄附の勧誘が個人の自由な意思を抑圧し、その勧誘を受ける個人が寄附をするか否かについて適切な判断をすることが困難な状態に陥ることがないようにすること。
> 　二　寄附により、個人またはその配偶者もしくは親族（当該個人が民法第877条から第880条までの規定により扶養の義務を負う者（略））の生活の維持を困難にすることがないようにすること。
> 　三　寄附の勧誘を受ける個人に対し、当該寄附の勧誘を行う法人等を特定するに足りる事項を明らかにするとともに、寄附される財産の使途について誤認させるおそれがないようにすること。

柱書「寄附の勧誘を行うに当たって」とは、時間的な概念（いつから、いつまで）を含まず、より一般的に寄附を勧誘する場合に、という意味です。

第1号は、個人をいわゆるマインドコントロール下に置いてはならないことを求めています。「自由な意思を抑圧する」とは、長期間に及ぶものでなくても、これに該当します。

第2号は、個人の生活の維持を困難にしてはならないことを求めています。寄附者本人だけでなく、その配偶者、親族を含みます。「国民投票運動を効果的に展開するために不可欠だから」と、金銭の借入れを伴ってまで寄附を要求する行為は、配慮義務違反に該当します。「生活の維持が困難に」なるかどうかは、個々人の生活の程度によって異なります。

第3号は、特定事項を明示することと、使途誤認がないようにすることを求めています（正体隠しの防止）。寄附の目的と実際の使途がおよそ異なる場合、寄附金の帰属先を偽る場合は、「誤認」に当たります。この点、例えば、国民投票運動関係のイベントを開催するために募った寄附を、当該法人の必要経費に当てることは許容される可能性があるものの、何を以て法人等の必要経費と捉えるか、社会通念上その幅が広く、寄附者に対して事前の説明を尽くすことが不可欠となります。

第3条の配慮義務に違反した場合、内閣総理大臣による報告徴収、勧告、公表の対象となり得ます（第6条）。

5-9-4　禁止される行為

不当寄附勧誘防止法第4条【寄附の勧誘に関する禁止行為】は、次のように規定しています。

> 第4条【寄附の勧誘に関する禁止行為】　法人等は、寄附の勧誘をするに際し、次に掲げる行為をして寄附の勧誘を受ける個人を困惑させてはならない。
> 　一　当該法人に対し、当該個人が、その住居又はその業務を行っている場所から退去すべき旨の意思を示したにもかかわらず、それらの場所から退去しないこと。
> 　二　当該法人等が当該寄附の勧誘をしている場所から当該個人が退去する旨の意思を示したにもかかわらず、その場所から当該個人を退去させないこと。

三 当該個人に対し、当該寄附について勧誘をすることを告げずに、当該個人が任意に退去することが困難な場所であることを知りながら、当該個人をその場所に同行し、その場所において当該寄附の勧誘をすること。
四 当該個人が当該寄附の勧誘を受けている場所において、当該個人が当該寄附をするか否かについて相談を行うために電話その他の内閣府令で定める方法によって当該法人等以外の者と連絡する旨の意思を示したにもかかわらず、威迫する言動を交えて、当該個人が当該方法によって連絡することを妨げること。
五 当該個人が、社会生活上の経験が乏しいことから、当該寄附の勧誘を行う者に対して恋愛感情その他の好意の感情を抱き、かつ、当該勧誘を行う者も当該個人に対して同様の感情を抱いているものと誤信していることを知りながら、これに乗じ、当該寄附をしなければ当該勧誘を行う者との関係が破綻することになる旨を告げること。
六 当該個人に対し、霊感その他の合理的に実証することが困難な特別な能力による知見として、当該個人またはその親族の生命、身体、財産その他の重要な事項について、そのままでは現在生じ、もしくは将来生じ得る重大な不利益を回避することができないとの不安をあおり、またはそのような不安を抱いていることに乗じて、その重大な不利益を回避するためには、当該寄附をすることが必要不可欠である旨を告げること。

第4条柱書の「際し」とは、法人等が個人に最初に接触し、個人が寄附をするまでの間、という意味です。用語として時間的な幅があります。個別の判断となりますが、最初の接触から寄附まで、数か月の間があっても、「際し」に含まれます。また、最初の接触において、法人等がその正体を隠していた場合も当たります。「困惑」とは、「困り、戸惑い、どうしていいか分からなくなるような、精神的に自由な判断ができない状況（畏怖をも含む広い概念）」を指します。

第1号は「不退去類型」、第2号は「退去困難類型」、第3号は「同行類型」、第4号は「連絡妨害類型」です。同号「その他の内閣府令で定める方法」とは、「電子メールその他のその受信をする者を特定して情報を伝達するために用いられる電気通信を送信する方法」を指します（不当寄附勧誘防止法第4条第4号の内閣府令で定める方法を定める内閣府令）。LINEなどが該当します。

第5号は「恋愛感情類型」、第6号は「霊感により不安をあおり、乗じる類型」です。

法人等が第4条各号に定める禁止行為をし、個人が困惑し、寄附をした場合には、その意思表示を取り消すことができます（第8条）。取消しの効果として、その寄附は無効となります。

さらに、第5条は、借入れや財産の処分による資金調達の要求を禁止しています。処分（第5条柱書）には、売却のほか、債権の担保のために抵当権を設定する行為が含まれます。

> **第5条【借入れ等による資金調達の要求の禁止】** 法人等は、寄附の勧誘をするに際し、寄附の勧誘を受ける個人に対し、借入れにより、または次に掲げる財産を処分することにより、寄附をするための資金を調達することを要求してはならない。
> 一 当該個人またはその配偶者もしくは親族が現に居住の用に供している建物又はその敷地
> 二 現に当該個人が営む事業（その継続が当該個人またはその配偶者もしくは親族の生活の維持に欠くことのできないものに限る。）の用に供している土地もしくは土地の上に存する権利または建物その他の減価償却資産（略）。

処分が禁止される財産として、個人等が「現に居住の用に供している建物、敷地」（第1号）、「個人が営む事業の用に供している土地等」（第2号）が挙げられています。例えば、ある国民投票運動団体が、「国民投票運動を行う原資として必要だから、あなたが所有する土地を売却しなさい」と要求する行為が禁止されます。寄附に関して「間接的な上限規制」を定めたものと解されます。

法人等が第4条、第5条の規定に違反した場合、内閣総理大臣による報告徴収、勧告、命令、公表の対象となり得ます（第7条）。命令違反等に対しては、罰則の適用があります（第16条〜第18条）。

5-9-5 「国民投票運動の自由」を萎縮させない配慮

第12条は、本法の運用上の配慮として、「この法律の運用に当たっては、法人等の活動において寄附が果たす役割の重要性に留意しつつ、個人及び法

人等の学問の自由、信教の自由及び政治活動の自由に十分配慮しなければならない。」と規定しています。

　適法、正当な勧誘行為がなされ、寄附者の意思表示に瑕疵がなく、憲法改正に対する賛成・反対のための勧誘運動に貢献したいという純粋な心情でなされた寄附は、当然有効です。立法政策上、無効を議論する余地はありませんが、不当寄附勧誘防止法が「法人等」を主体とする寄附勧誘を広く一般的に規律するものであることから（第1条）、第12条は、必ずしも日本社会に定着していない寄附文化を弱めることとならないように、との立法者の意思が強く反映しています。

　この点、「法人等」に対する配慮義務（第3条）、禁止行為（第4条、第5条）が定められていますが、社会的に真っ当な活動を行っている団体による通常の寄附勧誘が、配慮義務違反や禁止行為に抵触すること自体、極めて特異なことです。むしろ、本法によって、不当な寄附勧誘が防止されることで、寄附勧誘に対する社会的な安心感、期待感が高まる、といった効果が期待されています。

　第12条は、配慮すべき憲法上の人権として、学問の自由、政治活動の自由、信教の自由、を挙げています。政治活動には、国民投票運動が含まれます。国民投票運動は、寄附がないとおよそ成り立たないという実情があります。国民投票寄附が萎縮することがないよう、十分な配慮が必要です。

第6章

投票・開票の手続と国民投票の結果

6-1 投票の手続

> **ポイント**
>
> 投票は原則、投票所で行います。投票用紙は、憲法改正案ごとに1枚、投票人に交付されます。投票用紙には「賛成」「反対」の文字があらかじめ印刷されており、いずれかに「〇」を自書する方法で投票します。

■ 6-1-1 賛成・反対いずれかに「〇」を自書

　投票所入場券は、投票期日15日前までに投票人に交付（郵送）されます（国民投票法施行令第43条第1項は、市区町村の選挙管理委員会の努力義務として定めています）。投票人は投票期日の当日、投票所入場券を持って投票所に行き、投票所において投票をすることが原則です。選挙と同様です。

　投票所は原則、午前7時から午後8時まで開かれます（国民投票法第51条第1項本文）。投票人の投票の便宜のため必要があると認められる特別の事情のある場合、または投票人の投票に支障を来さないと認められる特別の事情のある場合には、開所時刻の2時間以内の繰り上げまたは繰り下げ、閉所時刻の4時間以内の繰り上げが可能です（同項ただし書）。

　投票人は、投票所に到着したさい、まず、投票所入場券を提示し、投票人名簿の対照を受けます（国民投票法第55条第2項）。投票人名簿に登録されていることが確認されれば、投票用紙の交付を受けます（国民投票法施行令第47条第1項）。選挙と同様、投票所入場券をその場で持ち合わせていなくても、本人確認ができれば投票用紙の交付を受けることができます。

　投票人は、投票用紙を受け取り、投票記載所で記載します。投票記載所には、憲法改正案およびその要旨が掲示されています（国民投票法第65条第1項本文）。

■ 6-1-2 投票用紙の様式

　国民投票で実際に使用される投票用紙は、国民投票法の「別記様式」で定められています。

●投票用紙

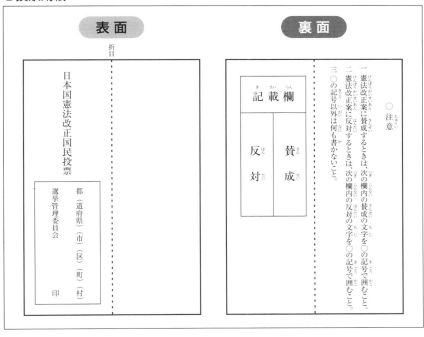

備考
1. 用紙は、折りたたんだ場合においてなるべく外部から〇の記号を透視することができない紙質のものを使用しなければならない。
2. 二以上の憲法改正案について国民投票を行う場合においては、いずれの憲法改正案に係る投票用紙であるかを表示しなければならない。
3. 投票用紙に押すべき都道府県の選挙管理委員会の印は、都道府県の選挙管理委員会の定めるところにより、都道府県の印又は市町村の選挙管理委員会の印若しくは市町村の印をもってこれに代えても差し支えない。（※筆者註・特別区を含む）
4. 不正行為を防止することができる方法で投票用紙を印刷することができると認められる場合に限り、都道府県の選挙管理委員会は、その定めるところにより、投票用紙に押すべき都道府県又は指定都市の選挙管理委員会の印を刷込み式にしても差し支えない。
5. 投票用紙は、片面印刷の方法により調製しても差し支えない。

投票用紙の裏面には、「賛成」の文字および「反対」の文字が、あらかじめ印刷されています（国民投票法第56条第2項）。

　投票人はいずれかに「〇」の記号を自書し、これを投票箱に入れます（国民投票法施行令第49条）。

　他の選択肢を「×」の記号、二重線その他の記号を記載することにより抹消した投票は、残り一つの投票をする意思とみなされ、有効な投票と扱われます（国民投票法第81条）。日常、催事の出欠連絡（葉書など）で「出席」「欠席」があらかじめ印刷されているものに、いずれか一方を二重線で消すことがあり、投票記載所でつい、そのように自書してしまう投票人がいることも想定されるところ、そのような投票が無効とされることがないよう、救済する趣旨で設けられた規定です。

　投票人は、誤って投票用紙を汚損した場合においては、投票管理者に対して、その引換えを請求することができます（国民投票法施行令第48条）。

　投票用紙は、投票管理者および投票立会人の面前において、投票人が自ら投票箱に入れなければなりません（国民投票法施行令第49条）。

　備考二で記されているように、二以上の憲法改正案について、同一の投票期日に国民投票が行われる場合には、いずれの憲法改正案に係る投票用紙であるかを表示しなければなりません。この点は、例えば「同性婚に関する憲法改正案」「教育充実に関する憲法改正案」「緊急事態条項に関する憲法改正案」というような表示がそれぞれの投票用紙になされるとともに、用紙の混同を避け、開票事務を効率的に行うため、投票用紙の色を別異のものにするなどの配慮が施されると解されます。

　この場合、一の投票が完了した後、さらに別の投票用紙を受け取り、同じ作業を繰り返します。

6-1-3　点字投票と代理投票

　目が見えない投票人には、点字投票が認められます（国民投票法第58条）。投票管理者に対してその旨を申し立て、投票管理者から、点字投票の投票用紙の交付を受けなければなりません（国民投票法施行令第50条第2項）。不在者投票による場合には、市区町村の選挙管理委員会の委員長に対し、その旨を申し立てなければなりません（同施行令第64条第3項）。

　心身の故障その他の事由により、自ら「〇」の記号を記載することができな

い投票人は、投票管理者に申請し、代理投票をさせることができます（国民投票法第59条第1項）。この場合、投票管理者は、投票立会人の意見を聴いて、投票所の事務に従事する者のうちから当該投票人の投票を補助すべき者2人を定め、その1人に投票の記載をする場所において投票用紙に当該投票人が指示する賛成の文字または反対の文字を囲んで「〇」の記号を記載させ、他の1人をこれに立ち会わせなければなりません（同条第2項）。

投票管理者が、代理投票をさせるべき事由がないと認めるときは、投票立会人の意見を聴いて、その拒否を決定することができます（国民投票法施行令第52条第1項）。投票管理者は、その拒否の決定に不服がある投票人に仮投票をさせなければなりません（同条第2項）。

6-1-4　無効投票の例

次のいずれかに該当する投票は、無効となります（国民投票法第82条各号）。

① 所定の用紙を用いないもの
② 〇の記号以外の事項を記載したもの
③ 〇の記号を自書しないもの
④ 賛成の文字を囲んだ〇の記号および反対の文字を囲んだ〇の記号をともに記載したもの
⑤ 賛成の文字または反対の文字のいずれを囲んで〇の記号を記載したかを確認し難いもの

6-2

開票の手続

> **ポイント**
>
> 市区町村(開票区)ごとに置かれる開票所において、選挙と同様の手続を経ます。イメージに近いのが、参議院議員比例代表選挙です。開票結果は都道府県を通じ、国に集約されていきます。

6-2-1 開票作業の開始

　投票期日、投票所を閉じるべき時刻になったときは、投票管理者は、その旨を告げて投票所の入口を閉鎖し、投票所にある投票人が投票を終わるのを待って、投票箱を閉鎖しなければなりません(国民投票法第67条第1項)。投票管理者はその後に投票録を作り、投票に関する次第を記載し、投票立会人とともに、これに署名します(同法第68条)。そして、投票箱、投票録、投票人名簿、在外投票人名簿を開票管理者に送致します(同法第69条)。

　開票は、すべての投票箱の送致を受けた日、またはその翌日に行われます(国民投票法第79条)。開票所(同法第77条)において、開票管理者は開票立会人の立会いの下、投票箱を開き、まず仮投票(同法第63条第3項・第5項)の調査を行い、開票立会人の意見を聴き、その投票を受理するかどうかを決定します(同法第80条第1項)。このとき、代理投票、不在者投票および在外投票の受理の決定も行われます(国民投票法施行令第114条)。

開票管理者は次に、各投票所および期日前投票所の投票を開票区ごとに混同して、投票を点検します（国民投票法第80条第2項）。点検とは、投票用紙を仕分けしながら（投票箱の開披、投票用紙の分類）、賛成投票、反対投票、無効投票の数を確定させることです。

　票数の計算は、計数読取機にかけるだけでなく、開票事務に従事する者（計数係）2人に各別に憲法改正案に対する賛成投票の数および反対投票の数を計算させる手続があります（国民投票法施行令第115条）。いわゆる疑問票は、開票管理者がその効力を決定します（国民投票法第81条）。投票の点検が終了したら、開票管理者は直ちにその結果を国民投票分会長に報告しなければなりません（同法第80条第3項）。

　開票管理者は、開票録を作り、開票に関する次第を記載し、開票立会人とともに、これに署名します（国民投票法第84条）。投票用紙は、有効投票と無効投票とを区別し、投票録、開票録と併せて、国民投票無効訴訟（同法第127条）が裁判所に係属しなくなった日、または国民投票の期日から5年を経過した日のうち、いずれか遅い日まで保存しなければなりません（同法第85条）。開票に関する書類も同様です（国民投票法施行令第121条）。

6-2-2　国民投票分会

　国民投票分会長は、都道府県ごとに置かれます（国民投票法第89条）。都道府県の区域内におけるすべての開票管理者から報告を受けた日、またはその翌日に、国民投票分会を開き、その報告を調査します（同法第91条第3項）。これにより、都道府県ごとの結果が確定します。調査が終わると、国民投票分会長はその結果を、国民投票長に報告しなければなりません（同法第93条）。

　国民投票分会長は、国民投票分会録を作り、国民投票分会に関する次第を記載し、国民投票分会立会人とともに、これに署名します（国民投票法第92条第1項）。国民投票分会長は、国民投票分会の事務が終了した場合においては、国民投票分会録および国民投票分会に関する書類を都道府県の選挙管理委員会に送付します（国民投票法施行令第127条）。

　国民投票分会録は、開票の報告に関する書類と併せて、都道府県の選挙管理委員会において、国民投票無効訴訟（国民投票法第127条）が裁判所に係属しなくなった日、または国民投票の期日から5年を経過した日のうちいずれ

か遅い日まで、保存しなければなりません(同法第92条第2項、国民投票法施行令第128条)。

6-2-3　国民投票会

　国民投票に際し、国民投票長が置かれます(国民投票法第94条第1項)。国民投票長は、中央選挙管理会が選任します(同条第2項)。

　国民投票長は、国民投票分会長から結果の報告を受けた日、またはその翌日に、国民投票会を開き、報告を調査します(国民投票法第96条第3項)。調査を終わったときは、国民投票長は、その結果を中央選挙管理会に報告しなければなりません(同法第98条第1項)。

　国民投票長は、国民投票録を作り、国民投票会に関する次第を記載し、国民投票会立会人とともに、これに署名します(国民投票法第97条第1項)。国民投票会に関する書類も同様です(国民投票法施行令第134条)。

　国民投票長は、国民投票会の事務が終了した場合においては、国民投票録及び国民投票会に関する書類を中央選挙管理会に送付します(国民投票法第133条)。国民投票録は、国民投票分会の報告に関する書類と併せて、中央選挙管理会において、国民投票無効訴訟(同法第127条)が裁判所に係属しなくなった日、または国民投票の期日から5年を経過した日のうちいずれか遅い日まで、保存しなければなりません(国民投票法第97条第2項、国民投票法施行令第134条)。

6-2-4　投票結果の告示

　中央選挙管理会は、国民投票長からの報告を受けたときは、直ちに①投票総数、②賛成投票数、③反対投票数、④賛成投票数が投票総数の過半数を超える旨または超えない旨、を官報で告示するとともに、総務大臣を通じ、内閣総理大臣に通知しなければなりません(国民投票法第98条第1項・第2項)。

　内閣総理大臣は、通知を受けたときは、直ちに①から④までの事項を衆参両院の議長に通知します(同条第3項)。

6-3

「過半数」の意義

ポイント

過半数の分母の基準は、投票総数（賛成投票数と反対投票数の和で、無効投票は除かれる）に拠ります。

6-3-1 分母の基準に関する考え方

　憲法改正の成立には、国民投票において「その過半数の賛成を必要とする」とされます（憲法第96条第1項）。この「過半数」をどう考えるか、基準となる母集団（分母）の数をどう考えるかについて、国民投票法の制定以前から議論が続いてきました。

　第一に、有権者数を基準とする考え方です。有権者は、投票を行った者と投票を棄権した者に分かれますが、あえて区別しない全体数を基準に置く立場です。しかし、憲法第96条第1項は、「特別の国民投票・・・において、その過半数の賛成を必要とする」と、投票に行った者を基準と捉える書きぶりになっています。また、有権者数を基準とすると、投票に行って反対投票をした者と投票を棄権した者とが同じ扱いになってしまい、正確な民意が判明しなくなります。

　第二に、投票総数を基準とする考え方です。投票総数は、言うまでもなく投票箱に入っている有効投票数と無効投票数の合計です。憲法第96条第1項は、単に「国民投票の過半数」と定めていることからして、素直な解釈であるともいえます。しかし、無効投票数をあえて母集団に含めることの実益、合理性があるのか、疑問が残ります。

　第三に、有効投票数を基準とする考え方です。無効投票数を除く点で、合理的であるといえます。しかし、単に「国民投票の過半数」と定める憲法第96条第1項の文言からは、少し離れてしまいます。

6-3-2 折衷的な考え方

　国民投票法は、前記第二と第三の折衷的な立場を採っています。

　まず、用語として、第二の投票総数を基準とする考え方に立った上で、投票総数を「憲法改正に対する賛成投票数及び反対投票数を合計した数」と定義し

（国民投票法第98条第2項）、無効投票数を排し、有効投票数を基準とする考え方を実質的に採用しています。形式的には投票総数、実質的には有効投票数です。

なぜ、このような定義が可能になるのかといえば、6-1で解説したとおり、投票用紙にあらかじめ「賛成」「反対」の文字を印刷しておくことにより、投票方法を簡素化することで、無効投票を限りなくゼロに近づける制度設計を施しているからです。投票総数≒有効投票数という関係が成立しています。

国民投票法第98条第2項の「投票総数」の定義は、国民投票法の制定過程（2005～06年）において、分母を投票総数とするか（民主党案）、有効投票数とするか（自民・公明党案）という論点上の対立があり、両案の妥協を図るために置かれた経緯があります。元々、民主案が投票総数を基準とすべきとしたのは、①憲法第96条第1項後段で「投票において」とあることから、棄権の数を排しつつ、②同項は「承認」となっており、反対投票、無効投票のいずれも「承認しない」という意味では同じで、合わせて取り扱うことが妥当である、と考えたからです。

併せて、賛成の場合には投票用紙に「○」を記載し、反対の場合には何も書かずに投票する方式が提案されていました。一方、自公案は有効投票数を基準とし、投票用紙には「○」「×」のいずれかを記載する内容でした。議論の結果、前記の投票用紙の制度設計を加味することにより、両案の対立は実質的に解消されることとなり、現在の条文が採用されています。

6-4

国民投票無効訴訟

ポイント

投票人は、結果告示の日から30日以内に、国民投票無効訴訟を提起することができます。無効事由((1)投票管理執行上の手続違反がある、(2)投票の自由妨害が認められる、または(3)投票の集計に誤りがある)が認められ、かつ、国民投票の結果に異動が生じるおそれがあるとき、裁判所は国民投票の全部または一部を無効とする判決を下します。

■ 6-4-1　国民投票無効訴訟とは

　国民投票の結果(憲法改正の成立・不成立)に異議がある投票人は、自ら原告となり、中央選挙管理会を被告として、東京高等裁判所に訴訟を提起することができます。これが国民投票無効訴訟の制度です(国民投票法第127条)。

　出訴期間は、国民投票の結果が告示された日から30日以内です。投票人の異議申立権の保障からすれば、できるだけ長い期間が認められるべきですが、国民投票の結果が早期に確定すべきであるという憲法上の要請からすれば、あまり長い期間が設けられることは好ましくありません。両論の調和の見地から、30日以内という期限が定められています。

■ 6-4-2　3つに限定された無効事由

　裁判所は、①国民投票を無効とすべき事由があり、かつ、②その事由があるために、国民投票の結果に異動を及ぼす(承認が不承認となる、または不承認が承認となることで結果が逆転する)おそれがあるときは、国民投票の全部または一部の無効判決を下します(国民投票法第128条第1項)。①の無効事由は、次の3つに限られます(同項第1号～第3号)。

　第一に、投票管理執行上の手続違反があることです。国民投票の管理執行に当たる機関が、国民投票の管理執行につき遵守すべき手続に関する規定に違反したことです。国民投票の管理執行に当たる機関とは主に、市区町村の選挙管理委員会、都道府県の選挙管理委員会および中央選挙管理会を指します。国民投票広報協議会は含まれません(国民投票法第128条第2項)。

　第二に、投票の自由妨害が認められることです。国民投票法第101条(投

票事務関係者の国民投票運動の禁止)、第102条(特定公務員の国民投票運動の禁止)、第109条(組織的多数人買収罪、組織的多数人利害誘導罪および買収目的交付罪)、第111条(職権濫用による国民投票の自由妨害罪)、第112条(投票の秘密侵害罪)、および第113条(投票干渉罪)までの各規定について、多数の投票人が一般にその自由な判断による投票を妨げられたといえる重大な違反があったことです。

　第三に、投票の集計に誤りがあることです。憲法改正案に対する賛成投票数または反対投票数の確定に関する判断に誤りがあったことです。

　①の無効事由が第一から第三までに限定されたのは、選挙無効訴訟とは異なり、裁判所の判例の蓄積による基準の確立が期待できない案件であり、裁判所が無効事由を政治的、恣意的に判断することを防止するためです。

■ 6-4-3　効果発生停止手続の意義

　国民投票無効訴訟が提起されても、憲法改正案に係る国民投票の効力は、停止しません(国民投票法第130条)。濫訴の弊害を防ぐ目的で、あえて明文で定められています。

　しかし、国民投票の結果、有効なものとしていったん公布され、施行された「改正憲法」が、後に、全部または一部の無効判決が確定し、結果が覆ることは、憲法体系を実に不安定な状態に陥れます。

　そこで、憲法改正が無効とされることにより生ずる重大な支障を避けるための緊急の必要があるときは、裁判所は、申立てにより、決定をもって、憲法改正の効果の発生の全部または一部の停止をすることとなっています(国民投票第133条第1項本文)。「緊急の必要があるとき」とは、改正憲法の施行期日が迫っている場合などです。

　効果発生停止手続は、国民投票の結果を覆すものでも、効力を否定するものでもありません。公布の効力、施行期日にも影響しません。改正憲法が施行されることではなく、それが無効とされることにより生じる支障が問題となります。効果発生停止の決定が確定したときは、憲法改正の効果の発生は、本案に係る判決が確定するまでの間、停止します(国民投票法第133条第2項)。

　申立てがあってから、裁判所がいつまでに判決を下すかという期限について、国民投票法は明文規定を置いていません。もっとも、司法判断がないまま、改正憲法が施行されてしまった場合には申立ての利益を当然に失い、本

条における司法機関としての役割が果たせないこととなることから、実際の事件処理は迅速に行われると解されます。

6-4-4　再投票

　国民投票無効訴訟の結果、憲法改正案に係る国民投票の全部または一部が無効となった場合は、更に国民投票を行わなければなりません。再投票の制度です（国民投票法第135条第1項）。

　再投票は、これを行うべき事由が生じた日から起算して、60日以後180日以内において、国会の議決した日に行われます（国民投票法第135条第3項）。

　内閣は、再投票の日に係る議案の送付を受けたときは（国会法第65条第1項）、速やかに、総務大臣を経由して、再投票の期日を中央選挙管理会に通知しなければなりません（国民投票法第135条第4項）。中央選挙管理会は、内閣からの通知があったときは、速やかに、再投票の期日を官報で告示することとされています（同条第5項）。

　国民投票無効訴訟の結果、憲法改正案に係る国民投票の全部または一部が無効となった場合において、再投票を行わないで当該憲法改正案に係る国民投票の結果を定めることができるときは、国民投票会を開き、これを定めます（更正決定、国民投票法第135条第6項）。

6-5

国民投票の執行に要する費用

> **ポイント**
>
> 国民投票の執行費用は、国がすべて負担します。

■ 6-5-1　第1号法定受託事務として国が負担

　3-5で解説したとおり、国民投票公報の印刷は都道府県の選挙管理委員会が行うこととされます（国民投票法第18条第2項）。また、4-6で解説したとおり、投票人名簿の調製は市区町村の選挙管理委員会が行うこととされます（同法第20条第1項）。国民投票法はその他にも、都道府県、市区町村が行う事務を様々定めています。

　これらは、地方自治法第2条第9項第1号が定める「第1号法定受託事務」です（国民投票法第150条）。本来、国が行うべき事務ですが、都道府県、市区町村がその処理を受託しているものです。公職選挙法第5条の3【中央選挙管理会の技術的な助言及び勧告並びに資料の提出の要求】、第5条の4【中央選挙管理会の是正の指示】、および第5条の5【中央選挙管理会の処理基準】は、国民投票の執行に関する事務について準用されます（国民投票法第8条の2）。

■ 6-5-2　執行費用の内訳

　国民投票の執行に係る費用は、すべて国庫の負担となります（地方財政法第10条の4第1号、国民投票法第136条）。その内訳は、次の①から⑪までです。

> ①投票人名簿および在外投票人名簿の調製に要する費用（投票人名簿及び在外投票人名簿を調製するために必要な情報システムの構築及び維持管理に要する費用を含む。）
> ②投票所、共通投票所および期日前投票所に要する費用
> ③開票所に要する費用
> ④国民投票分会および国民投票会に要する費用
> ⑤投票所等における憲法改正案等の掲示に要する費用

> ⑥憲法改正案の広報に要する費用
> ⑦国民投票公報の印刷および配布に要する費用
> ⑧国民投票の方法に関する周知に要する費用
> ⑨第106条および第107条の規定による放送および新聞広告に要する費用
> ⑩不在者投票に要する費用
> ⑪在外投票に要する費用

　国民投票法の立案に当たっては、衆議院規則第28条第1項後段の規定に基づき、①から⑪までの総額を約852億円と見積もりました。あくまで、当時の見積もりであって、将来行われる国民投票が一回当たり、固定費のごとく一律に約852億円を要すると理解するのは誤りです。

　8-2で具体的に解説しますが、①の投票人名簿調製システムの構築はすでに完了しています（投票人名簿に登録すべき18歳以上の者を抽出し、投票所入場券の発送等の事務を行うことができます）。今後、相当規模のシステム改修を行わない限り、追加の支出は要しません。

　⑥⑦の広報関係費用は、憲法改正案の公示の日（国民投票期日の告示の日）から投票期日までの期間の長短、憲法改正案広報放送、憲法改正案広報広告の回数、規模等に応じて変動します。

　また、同一の期日に、複数の憲法改正案の国民投票が執行される場合などには、執行費用は当然、増加することになります。

第7章

今後の課題

7-1

SNS上の偽・誤情報対策

ポイント

国民投票に際し、SNS上に様々な偽・誤情報が投稿、拡散されることで、多くの有権者の判断に悪影響が及び、国民投票の公正が害されるおそれがあります。対策上、すべての偽・誤情報を網羅することは困難であるものの、大規模デジタルプラットフォーム事業者による削除対応の迅速化、運用状況の透明化を柱とする「情報流通プラットフォーム対処法」の効果的運用を図ることが肝要です。国民投票広報協議会の権限の強化を図る必要もあります。

7-1-1 偽・誤情報がもたらすもの

2021年改正法附則第4条第2号ハは、改正法の施行後3年をめどに「国民投票に関するインターネット等の適正な利用の確保を図るための方策」について検討を加え、必要な法制上の措置その他の措置を講ずる旨、定めています。2021年改正法は、2021年6月18日に公布され、同年9月18日に施行されており、「施行後3年」という前記の期限の目途は「2024年9月18日」になります（すでに徒過しています）。

第2号ハに関する課題として挙げられるのが、国会が憲法改正を発議した後、国民投票運動が展開される中でSNS上に投稿、拡散される偽情報（Disinformation:人を混乱させ惑わすために意図的・意識的に作られたウソ、虚偽の情報）と誤情報（Misinformation:勘違いや誤解により拡散された間違った情報）への対応です。憲法改正案に対する賛成・反対の立場を問わず、多数の有権者の意思に悪影響を及ぼし、国民投票の公正を害するおそれがあるからです。

X(旧Twitter)、LINE、YouTube、Facebook、Instagram、TikTokなどのSNSが世代を超えて普及の一途を辿っているところ、デジタルプラットフォームにおいて、様々な偽・誤情報と隣合わせであることは、他言を要しません。「正・誤」よりも「快・不快」を基準に発信等を行うユーザーが後を絶たないのです

選挙運動では既にみられますが、国民投票運動においても、陰謀論が絡ん

だ内容や、特定の個人、団体に対する根拠のない批判や侮蔑、特定の個人、団体になりすました意見表明、宣伝などが想像されます。その発信源が、海外に所在するケースもあります。

記憶に新しいところでは、能登半島地震の発災（2024年1月1日）の後、実在しない住所の書き込みとともに早期の救出を求めるSOS投稿がされたり、全く無関係の津波の画像とともに、被害状況と称して投稿され、拡散された例があります。いずれも、注目を引くことにより表示回数（インプレッション）を稼ぎ、広告収入を得ることが主目的とみられています。総務省は翌2日、主要なデジタルプラットフォーム事業者であるLINEヤフー、X、Meta、Googleの4社に対して、利用規約等を踏まえた適正な対応を行うよう要請を行い、各社の対応措置が進められました。今後も、大規模な事件、災害等の発生による偽・誤情報との「イタチごっこ」は避けられません。

7-1-2　情報流通プラットフォーム対処法の制定

デジタルプラットフォーム事業者に関しては、かねてより、違法・有害情報（特定の個人、団体に対する誹謗中傷等）の投稿の扱いが問題視されてきたところ、㋐発信者の特定のための情報開示の迅速化（プロバイダ責任制限法・2021年改正、翌年施行）、㋑侮辱罪の法定刑の引き上げ（刑法・2022年改正）などの法整備が行われ、権利救済の面では近年、制度改革が進められてきました。

しかし、投稿の「削除」に関しては、①事業者側の申請窓口が分かりづらい（海外の事業者では日本語による申出が困難である）、②事業者の対応が遅く、放置されている間に情報が拡散してしまう、③削除の申請をしても結果の通知がなく、削除されたかどうか分からない、④削除指針の内容が抽象的で、いつ、どのような投稿が削除されるのかが判然としない、という問題が残されていました。

情報流通プラットフォーム対処法は、主に①〜④の問題に対応するため、大規模プラットフォーム事業者（法律上は「大規模特定電気通信役務提供者」）に、権利侵害（名誉・プライバシー権、著作権、営業上の利益等に対する侵害）情報の対応の迅速化と運用状況の透明化を図るための措置を義務付ける目的で制定されました。公布日（2024年5月17日）から起算して1年を超えない範囲内において政令で定める日に施行されます（附則第1条）。

7-1-3　削除対応の迅速化に係る措置

　情報流通プラットフォーム対処法が規律対象とする「大規模特定電気通信役務提供者」(第1条、第2条第14号)は、平均月間発信者数(アクティブユーザー数)のデータ等において一定の基準を充たし、権利侵害情報の対応の迅速化と運用状況の透明化を図る必要性が特に高い事業者として、総務大臣が指定するものです(第20条第1項)。法が施行された後、主要なSNS事業者、大規模掲示板の運営者が指定される見通しです。

　大規模特定電気通信役務提供者には、削除対応の迅速化に関して、以下3つの措置が義務付けられます。

　第一に、削除申出窓口、手続の整備と公表です。大規模特定電気通信役務提供者は、権利侵害を受けた者(被侵害者)が侵害情報等を示して侵害情報送信防止措置(投稿削除)を講ずるよう申出を行うための方法を定め、公表しなければなりません(第22条第1項)。

　第二に、削除申出に対応する体制の整備です。大規模特定電気通信役務提供者は、被侵害者が侵害情報送信防止措置を講ずるよう申出があったときは、権利が不当に侵害されているかどうかについて遅滞なく必要な調査を行わなければなりません(第23条)。また、専門的な調査を行わせるために、侵害情報専門調査員を必要数以上、選任しなければなりません(第24条)。

　第三に、削除申出に対する判断、通知を一定期間内に行うことです。大規模特定電気通信役務提供者は、申出を受け、調査を行った結果、侵害情報送信防止措置を講ずるかどうかを判断し、申出日から「14日以内で総務省令で定める期間内」に、措置を講じた場合にはその旨を、措置を講じなかった場合にはその旨と理由を、申出者に通知しなければなりません(第25条第1項本文)。

7-1-4　運用状況の透明化に係る措置

　大規模特定電気通信役務提供者には、運用状況の透明化に関して、以下2つの措置が義務付けられます。

　第一に、削除基準の策定、公表です。大規模特定電気通信役務提供者は、削除基準を自ら策定し、公表しなければなりません(第26条第1項)。削除基準は、役務提供停止措置(アカウント停止)の実施に関する基準ができる限り具体的に定められる(同条第2項第2号)、発信者その他の関係者が容易に理解できる表現を用いて記載される(同項第3号)、などの内容である必要があ

ります。また、送信防止措置を講じた情報の事例に関して、おおむね1年に1回、公表するよう努めなければなりません（同条第4項）。さらに、運用状況に関して、毎年1回、申出の受付の状況、申出者に対する通知の実施状況などを公表しなければなりません（第28条各号）。

第二に、削除した場合、発信者にその旨を通知することです。大規模特定電気通信役務提供者は、送信防止措置を講じたときは、遅滞なく、その旨および理由を発信者に通知し、または発信者が容易に知り得る状態に置く措置を講じなければなりません（第27条）。

7-1-5　国民投票広報協議会の権限の強化

国会が憲法改正を発議した日から国民投票期日までの間（国民投票運動期間中）、国民投票広報協議会がどの程度の頻度で開催されるか、運営方針、スケジュールは当然固まっていません。

もっとも、本節で解説した国民投票に関する偽・誤情報対策として、情報流通プラットフォーム対処法の運用状況がどうなっているか、広報協議会として調査を行う必要性が認められます。公開の議事において大規模特定電気通信役務提供者を参考人等として招致し、国民投票の偽・誤情報に関する申出の受付の状況、申出者に対する通知の実施状況などの説明を聴取し、必要な範囲で質疑を行うべきです。この説明聴取、質疑を国民投票期日の後（結果が確定した後）に行っても、国民に対する注意喚起の観点からは意味をなしません。

関連して、広報協議会は、国民投票の偽・誤情報対策に関する周知、啓発として、必要な情報を時機適切に発信すべきです。2023年10月14日にオーストラリアで執行された憲法改正国民投票に際して、オーストラリア選挙委員会（Australian Election Committee:AEC）は、そのウェブサイト上で、偽情報整理一覧（Disinformation Register）として14項目の偽情報（順に追加）、各々の偽情報に対応する正しい情報およびAECの対応（主にSNS上による）を公表していました（"Disinformation register - Referendum process"AEC Website <https://www.aec.gov.au/media/disinformation-register-ref.htm>）。広報協議会も「AEC偽情報整理一覧」に相当する事務を担うべきであり、その権限の明確化（強化）を図るべきです。

7-1-6　ユーザー側の努力義務規定

　公職選挙法第142条の7【選挙に関するインターネット等の適正な利用】は、「選挙に関しインターネット等を利用する者は、公職の候補者に対して悪質な誹謗中傷をする等表現の自由を濫用して選挙の公正を害することがないよう、インターネット等の適正な利用に努めなければならない。」と規定しています。

　国民投票では、虚偽の事項を公表したり、事実を歪曲するなどして表現の自由を濫用し、国民投票の公正を害することがないよう、同様の努力義務規定を設けることが不可欠です。

7-2 デジタル広告規制と情報公開、なりすまし勧誘広告対策

> **ポイント**
>
> デジタル広告（インターネット広告）は将来、国民投票運動の素材として主流を占めるのは確実です。広告放送規制と比較しつつ、プラットフォーム事業者による自主的規制、表示広告に関する情報公開を積極的に進めることが肝要です。著名人の「なりすまし」にも、即時的、効果的な対策が不可欠です。

7-2-1 運動の主流を占めるデジタル広告

　2021年改正法附則第4条第2号イは、改正法の施行後3年をめどに「国民投票運動等のためのインターネット等を利用する方法による有料広告の制限」について検討を加え、必要な法制上の措置その他の措置を講ずる旨、定めています。2021年改正法は、2021年6月18日に公布され、同年9月18日に施行されており、「施行後3年」という前記の期限の目途は「2024年9月18日」になります（すでに徒過しています）。

　第2号イが示すように、デジタル広告の規制のあり方が課題となります。選挙運動では罰則を以て禁止されていますが（公職選挙法第142条第1項、第243条第1項第3号の3）、国民投票運動用のものに対しては法的制限がありません。将来、国民投票運動素材の主流を占めるのは確実であるところ、デジタルの特質に鑑み、有権者の投票意思に与える影響等を考慮した制度設計を講じておく必要があります。

　なお、広告放送（国民投票法第105条）の議論では、その内容に投票勧誘の要素を含むか否かで「国民投票運動CM」と「意見表明CM」を区分しました。しかし、デジタル広告においては、両者を概念上区分することは可能であっても、その視認性、訴求力等において両者の差異はより相対的なものとなり、規制対象として区分する実益は少ないと解されることから、本節では「デジタル国民投票運動等広告」と括って表記します。

7-2-2 デジタル広告禁止期間の設定

　第一の検討事項は、デジタル国民投票運動等広告の禁止期間を設定する

ことです。広告放送に対して一定の禁止期間が設けられていることとのバランスを図る趣旨です。

表のとおり、投票期日14日前から投票期日までの間、国民投票運動CMは禁止され（国民投票法第105条）、意見表明CMは自主規制の対象となりますが（民放連ガイドライン）、デジタル国民投票運動等広告は、法的規制、自主規制が無いため、自由に表示、掲載できます。

	国民投票運動CM・意見表明CM	デジタル国民投票運動等広告
発議日〜投票期日15日前	○	○
投票期日14日前〜投票期日	× 国民投票運動CM △ 意見表明CM	○

しかし、このような規制の相違があっては、投票期日14日前から投票期日までの間の広告放送規制の抜け道を通って、デジタル国民投票運動等広告が氾濫するおそれがあります。投票期日の直前期に国民投票運動CMを禁止し、賛成投票、反対投票の最終判断のための静かな環境を確保しようとする第105条の趣旨等を没却してしまいます。

そこで、同期間中は、デジタル国民投票運動等広告も認めないとする制度設計が妥当です。この点、法的規制を採用するよりも、プラットフォーム事業者の自主的規制を促す方が即応性があると解されます。

7-2-3　大規模事業者による情報公開の促進

第二の検討事項は、デジタル国民投票運動等広告に関して、大規模デジタルプラットフォーム事業者による情報公開を促進することです。

現在、特定デジタルプラットフォーム取引透明化法に基づく特定デジタルプラットフォーム（デジタル広告分野）として、グーグル、メタ、LINEヤフーの3社が指定されています。さらに、情報流通プラットフォーム対処法（未施行）に基づく大規模特定電気通信役務提供者の指定は、特定デジタルプラットフォームよりも範囲が拡がる見通しです（政府答弁）。

本節でいう大規模デジタルプラットフォーム事業者は、これら二法の指定対象となるものを指すところ、国民投票運動用のものを含む「政治広告全般」に関して、情報公開を促進するべきです。

法律	指定された事業者
特定デジタルプラットフォーム取引透明化法(経済産業省)	①Google LLC(Youtube) ②Meta Platforms, Inc.(Facebook、Instagram) ③LINEヤフー株式会社(LINE)
情報流通プラットフォーム対処法(総務省)	法律未施行

　取組例として、グーグルは、"広告の透明性について −Googleでの政治宣伝−"Google <https://adstransparency.google.com/> という自社ウェブサイト上で、政治広告に関して、(1)広告主の名称、(2)広告表示に要した費用、(3)広告表示の期間、(4)推定表示回数、等の情報を公開しています。スチル広告(静止画)、ムービー広告(動画)、テキスト広告(文章)といったフォーマットごとの検索にも対応しています。

　オーストラリアで2023年10月14日に執行された憲法改正国民投票に際しても、グーグルの前記サイトでは、国民投票運動支出期間(2023年3月11日〜10月14日)前の分も含め、情報が公開されていました。賛成派、反対派の別を問わず、政党その他の運動主体が、いつ(どのタイミングで)、どの地域で、どれほどの費用を支出して、どのような内容の広告を表示している(いた)か、ほぼ即時的に把握することが可能でした。デジタル広告情報が公開されることで、運動主体による資金(支出)の流れを、間接的に把握することが可能であったのです。もっとも、グーグルが情報公開の対象としているのは、アメリカ、イギリス、オーストラリア、ニュージーランド、韓国、EUなど一部の国(国家連合)に限られています。日本はその対象に入っていないため、公開を促すことが必要です。

7-2-4　大規模事業者による公正な運用の担保

　第三は、大規模デジタルプラットフォーム事業者が策定し、運用する「広告掲載基準」において、条件上の平等が担保されているか、広告の審査は適正な基準に従って行われているか、確認する必要がある点です。

　広告放送と同様、デジタル国民投票運動等広告に関しても、出稿額など同一の条件下で「賛成派は有利、反対派は不利」といった不平等が潜んでいれば、デジタルプラットフォームが持つ宣伝・訴求力が歪んで行使されることに他なりません。条件面の平等が担保されているかどうか、各事業者に確認す

る必要があります。また、デジタル広告は、その審査基準が一般的に甘く、後述の「著名人なりすまし」などの違法な広告を助長しているという指摘があります。情報流通プラットフォーム対処法のスキームも仕上がっていますが、どのような対策を講じているか、検証する必要があります。

7-2-5　著名人なりすまし広告への対策

第四は、デジタル広告市場の病理として社会問題化している「著名人なりすまし広告」への対策です。

昨今、著名人(実業家、経済評論家等)になりすまし、投資を勧誘する内容のデジタル広告を配信し、クローズド・チャットに誘導して金銭を振り込ませるという「SNS型投資詐欺」が深刻な被害をもたらしています(2023年中、その認知件数は2,271、被害額は278億円にも上っています)。プラットフォーム事業者の対応が甘い挙句、冒用された著名人も、自らの正規広告に対する信用が失墜し、多額の損失が発生するなど、甚大な被害が及んでいます。

対策が急務とされる中、自由民主党「著名人にせ広告・なりすまし等問題対策ワーキングチーム」等合同会議は2024年5月24日、「著名人ニセ広告等を利用したSNS型投資詐欺対策に関する提言」を取りまとめました。その概要は、表のとおりです。

緊急対策▶	短期対策◎　中長期対策○
1. 被害に逢わせない(事前)	
▶広告出稿時の事前審査や利用規約等を踏まえた適正な対応をより厳格に行うよう、プラットフォーム事業者に対して緊急要請。特にクローズドチャットを遷移先としている広告は原則として採用しないなどの事前審査実施を求める。【総務省】 ▶国民への注意喚起のための政府広報の速やかな実施【警察庁・金融庁・内閣府】 ▶関係省庁が連携し、偽広告に関する情報収集や排除をプロアクティブに実施できる体制を構築【金融庁、警察庁、消費者庁、総務省、経産省】 ▶金融商品取引法上の無登録業者が無料で投資情報の提供を行う旨等の広告を行った場合でも、違法な金融商品取引業に該当しうることを明確化【金融庁】	○EUのデジタルサービス法(DSA法)などの国際動向も踏まえ、法整備も視野に入れた総合的な対策の検討。【総務省】 ○金融商品取引法の内閣府令等を改正することにより、登録業者について、許諾を得ないで著名人等を広告に掲載することを禁止【金融庁】

緊急対策 ▶	短期対策 ◎　中長期対策 ○
2. 被害を拡げない（探知・特定）	
▶情報流通プラットフォーム対処法に盛り込まれた以下の内容等について、プラットフォーム事業者に対して、施行に向けて前倒しで積極的な対応を行うよう緊急要請【総務省】 ・削除申出窓口及び手続の整備、公表 ・削除申出への対応体制の整備、公表 ・削除申出に対する原則一定期間（例：1週間）内の判断、通知 ・削除基準の策定、公表や運用状況等の公表 ▶暗号資産交換業者や業界団体による取組を促すための対策や注意喚起【金融庁】	◎情報流通プラットフォーム対処法の迅速な施行（施行日の前倒し）【総務省】 ◎情報流通プラットフォーム対処法の施行に向けて、違法情報への該当性に関するガイドラインを迅速に策定【総務省】 ◎特殊詐欺やSNS型投資・ロマンス詐欺等と思われる出金・送金等の取引を検知する仕組み等の構築など、顧客の意向や利便性との両立を踏まえた上で、金融機関による更なる取組について検討・研究の実施【金融庁・警察庁】 ◎インターネット広告産業の構造転換が必要．プライベート・マーケット・プレイス（PMP）が我が国においても進展するよう官民が連携して取り組む．広告主となる民間と政府が連携して、プラットフォーム上の健全な広告マーケット創出に向けて取り組む．広告主の意識・買い方改革、オリジネーター・プロファイル技術（OP）の実装【総務省、経産省】 ○情報流通プラットフォーム対処法の施行状況を検証した上で、仮に更なる対策が必要と考えられる場合は、DSA法との比較により不足している事項（広告についての透明性）への対応について検討の実施【総務省】
3. 犯罪者を逃さない（取締り）	
▶クローズドチャットを提供するSNS事業者に対し、公式アカウント作成時に本人確認を実施するなど緊急要請。広告の発信者に関する本人確認を行うための手法検討【総務省・警察庁】 ▶プラットフォーム事業者に対して、幇助犯に該当する可能性がないか等についても適切に判断を実施【警察庁】 ▶詐欺罪に限らず他の法令の罰則の適用も含めて、一層効果的な取締りを実行するための方策について検討を実施【警察庁】	◎クローズドチャットを提供するSNS事業者等からの証拠収集の在り方を整理【総務省・警察庁・法務省】 ○不法行為に基づく損害賠償請求訴訟における賠償額に関する裁判所における判断動向等に関する調査研究【法務省】

（出典）自由民主党・著名人にせ広告・なりすまし等問題対策WT等合同会議「著名人ニセ広告等を利用したSNS型投資詐欺対策に関する提言」（2024年5月24日）を基に、筆者作成．

提言は同年6月3日、岸田総理（当時）に手交され、政府の取組みも始まっています。表中、施策の括弧内に複数の府省庁名が出てきますが、この点は「著名人ニセ広告問題」に関して一元的、包括的に所管する官庁が存在しないことを意味しています。緊急対策から中長期対策まで、施策のバラツキが出ないように、注意が必要です。情報流通プラットフォーム対処法の迅速な施行も挙げられています。

　「著名人ニセ広告」は、国民投票に際しても問題となります。ある国民投票運動団体が、社会的影響力のある著名人の名前、顔を冒用し、「憲法改正案に賛成（反対）しましょう！」との広告を、生成AIによって実物と判別不可能な程度に作成し、デジタルプラットフォームに出稿する事案は十分に起こり得ます。「広告」の形式を取ることで、単なる偽情報の流布ではなく、効果的なターゲティング（狙い撃ち）を可能とするのです。

　とりわけ、投票期日に近いタイミングで偽広告が拡散すると、注意喚起が徹底しない間に、有権者の投票行動に相当な影響を与えてしまいます（このため7-2-2では、禁止期間の設定を課題提起しています）。また、真正面からの投票勧誘に止まらず、対立派を意図的に混乱させる目的でも行われる可能性があります。偽投資話とは異なり、詐欺罪の成否は問題となりませんが、拡散の速さに鑑みると、国民投票の公正を害する事態を招きかねません。

　国民投票広報協議会としても、7-1で解説した偽・誤情報対策の一環として、「偽広告」対策に係るプラットフォーム事業者の取組み、政府の対応状況を継続的に監視する必要があります。

7-3

生成AIの利用と規制

> **ポイント**
>
> 近年著しい発展を遂げている生成AIは、国民投票運動用の素材作りにも適したサービスです。しかし、実物と見分けが付きにくい偽情報などを、誰でも簡単に生み出し、拡散させるリスクも含んでいます。AI事業の主体、リスクの高低に応じた規制を前提に、電子透かし(ウォーターマーク)等の対策を講ずる必要があります。

7-3-1 生成AIの現状

7-1-1で解説したとおり、2021年改正法附則第4条第2号ハは、改正法の施行後3年をめどに「国民投票に関するインターネット等の適正な利用の確保を図るための方策」について検討を加え、必要な法制上の措置その他の措置を講ずる旨、定めています。2021年改正法は、2021年6月18日に公布され、同年9月18日に施行されており、「施行後3年」という前記の期限の目途は「2024年9月18日」になります(すでに徒過しています)。

第2号ハに関する課題として挙げられるのが、近年、著しい開発成果を上げ、社会実装が進むAI(Artificial Intelligence)に対する規制です。

AIは、特化型(音声認識、画像認識、自動運転等の特定のタスクを処理するもの)と汎用型(特化型よりも大量のデータで学習し、様々なタスクを処理するもの)に分類できますが、いわゆる生成AI(文章生成型、対話型、画像生成型、動画生成型など)は、後者の汎用型に属し、各社が開発にしのぎを削っている現状です。

7-3-2 国民投票におけるリスク

生成AIは、憲法改正に賛成、反対のいずれの立場であれ、国民投票運動用の素材を作成する場合にも便利です。配信用のメッセージ、投票勧誘用のポスターなど、用途に合わせて様々な素材を簡単に作成することができます。

しかし、7-1、7-2で触れましたが、デジタル特有の弊害も当然、懸念されます。「ディープフェイクの大衆化」とも言われるように、誰もが生成AIを利用して、実物と見分けの付きにくい偽の画像、情報を簡単に作成し、配信するこ

とが可能です。国民投票運動の際に、生成AIが悪用される(まして、生成AI自体が特定の投票行動を推すような)ことがあっては、主権概念を脅かすレベルの危機的事態を招きかねません。国民投票法制の改革を検討する上でも、生成AIのリスク対応を踏まえることが不可欠です。

この点、AI戦略会議・第9回会合では、「AIを利用した偽・誤情報等の生成・拡散に対する考え方」が示されています。以下、引用します(下線:筆者)。

> AIに関するリスクの一つである偽・誤情報の生成・拡散に対する技術的な対策としては、①AI生成物に電子透かし等を付加し、生成されたコンテンツがAI生成物であること等を受信者が容易に理解できるようにする方法、②コンテンツにその出所や来歴等に関する情報を付与する等の技術を普及させ、信頼性のある情報が受信側で偽・誤情報に紛れないようにする方法、③オンラインプラットフォーマーがAI生成物を判別してラベリングし、受信者がAI生成物であると見分けられるようにする方法等が考えられる。(中略)
> なお、昨今なりすまし広告等真実でないインターネット上の情報を真実と誤認することに起因して様々な被害が発生している。こうした被害を防止するための対策に関し必要な施策を検討するに当たっては、AI技術の発展・普及により情報の改ざんや偽情報の生成が今後より精緻化・巧妙化することを踏まえる必要がある。

(引用)AI戦略会議・第9回会合(2024年5月22日)資料2-1、16頁。
https://www8.cao.go.jp/cstp/ai/ai_senryaku/9kai/shiryo2-1.pdf

ここで列挙されている、①の電子透かし(デジタル・ウォーターマーク)、②の来歴証明(オリジネーター・プロファイル)技術、③のラベリングは、いずれも有用な手段です。国民投票が執行されるまでの実用化に期待がかかります。

また、次表「AIのもたらし得るリスクの例に関する整理」(AI戦略会議)では、秘密情報の漏洩、著作権侵害などが示されています。重ねて指摘しますが、⑧偽・誤情報による情報操作、⑪ハルシネーション(AIが虚偽の情報を作成)は、国民投票にも当てはまる課題、論点です。個別法、事業者向けガイドラインによる規制も可能ですが、ことにAIに関しては横断的、網羅的な対応が急務です。

AIのもたらし得るリスクの例	具体事例・想定ケース	主要法令等
①AIへの秘密情報の入力	外部のAIサービスに企業の秘密情報を入力し情報が漏洩	不正競争防止法、民法（契約） ※2024年2月「秘密情報の保護ハンドブック」においてAI利用時の留意点を整理（経産省）
②AIの開発・学習及び生成・利用の過程での他者の著作権の侵害	特定の漫画・アニメのキャラクター等のイラストに類似した画像を生成する目的での学習や、そうしたイラストに類似する画像の生成・利用	著作権法 ※2024年3月「AIと著作権に関する考え方について」を公表し、解釈を明確化（文化庁）
④AIの開発・利用の過程でのプライバシー侵害・個人情報保護違反	本人の同意なしに個人情報を含むデータをAI学習に利用	憲法（プライバシー権、パブリシティ権）、個人情報保護法 ※2024年6月「個人情報保護法　いわゆる3年ごとの見直しに係る検討の中間整理」を公表し、AI利用時の論点を整理（個人情報保護委員会）
⑤AI登載製品の誤作動	自動運転車が誤作動により生命・身体の安全に影響	道路運送車両法、薬機法、労働安全衛生法、民法（不法行為等）、製造物責任法、自動車損害賠償保障法、国家賠償法
⑥ディープフェイク（AIで合成した肖像・声等の悪用）	本人の同意なしに個人の画像をポルノその他の性的な画像に合成し拡散する行為や、AIにより有名人・知人になりすました音声通話による詐欺	民法（人格権・不法行為）、刑法（脅迫罪、名誉棄損罪、わいせつ物頒布等罪、詐欺罪、偽計業務妨害罪等）、児童ポルノ禁止法
⑦バイアス（差別・偏見）の助長	不適切なAIによる採用や退職に関する判断の実施	ヘイトスピーチ解消法、雇用関係法令、民法、個人情報保護法、障害者差別解消法、部落差別解消法
⑧偽・誤情報による情報操作	立候補者に関する偽情報をAIで作成し、SNS等で拡散し選挙を妨害	民法（人格権・不法行為）、刑法（名誉棄損罪）、行政法規、公職選挙法、情報流通プラットフォーム対処法（権利侵害情報）
⑨国民の権利利益の侵害	AIの誤った判断で個人が行政サービスを受けられない等不利益を被る可能性	憲法（適正手続）、行政手続法

AIのもたらし得るリスクの例	具体事例・想定ケース	主要法令等
⑩ウィルスの作成等のサイバー攻撃	生成AIを悪用しコンピュータウイルスを作成	刑法（不正指令電磁的記録に関する罪）、不正アクセス禁止法
⑪ハルシネーション（AIが虚偽の情報を作成）	生成AIが虚偽の情報を作成し利用者を誤解させる	民法（不法行為、契約）
⑫環境負荷の増大	AI開発過程での電力需要等の増大に伴うCO_2排出量増大	地球温暖化対策の推進に関する法律
⑬人間とAIの負の相互作用	AIとの対話にのめり込んだ人が人生に悲観して自殺	（なし）
⑭AGI（Artificial General Intelligence:様々なタスクを人間と同等のレベルで実現する能力を有する）が制御不能になる懸念	人間がAGIを制御不能になり社会混乱を引き起こす可能性	（なし）

(出典)AI戦略会議（第12回）・AI制度研究会（第6回）合同会合（2024年12月26日）資料1、9頁を基に、筆者作成。
https://www8.cao.go.jp/cstp/ai/ai_senryaku/12kai/shiryou1.pdf

　石破内閣は、第217回国会（常会・2025年1月24日召集）にAI法案（人工知能関連技術の研究開発及び活用の推進に関する法律案）を提出し、会期内の成立を図る方針です。

　この新法は、①AIの開発、提供、利用の過程を俯瞰する政府の司令塔機能の強化、②AIの安全、安心な研究開発、活用のための戦略（基本計画）の策定、③国による安全性指針の整備、④国による調査、情報収集、⑤事業者、国民への指導、助言、情報提供、が制度の柱となるとみられます。AIの研究開発、実装がさらにポジティブに展開することとなるのか、その試金石となる政策立法と位置付けられます。

7-4 国民投票運動主体の収支に関する規制

> **ポイント**
>
> 国民投票運動主体（個人、団体）の資金の流れの透明化を図り、国民投票の公正を確保するため、運動主体の登録、主体表示の義務化、収支報告等の制度を体系的に導入すべきです。

7-4-1 収支に関する規制の必要性

　2021年改正法附則第4条第2号ロは、改正法の施行後3年をめどに「国民投票運動等の資金に関する規制」について検討を加え、必要な法制上の措置その他の措置を講ずる旨、定めています。2021年改正法は、2021年6月18日に公布され、同年9月18日に施行されており、「施行後3年」という前記の期限の目途は「2024年9月18日」となります（すでに徒過しています）。

　第2号ロに関する課題として挙げられるのが、国民投票運動主体（個人、団体）の収入、支出の報告義務化などです。

　そもそも選挙では、公職の候補者はすべて、選挙運動に関する収入、支出の責任者（出納責任者）を1名、選任しなければなりません（公職選挙法第180条第1項第1号）。そして出納責任者は、選挙の投票期日から15日以内に、次の事項を記載した「選挙運動収支報告書」を当該選挙に関する事務を管理する選挙管理委員会に提出しなければなりません（同法第185条第1項、第189条第1項第1号）。当該選挙で当選したか否かに関わらず、です。

① 選挙運動に関するすべての寄附およびその他の収入（公職の候補者のために公職の候補者または出納責任者と意思を通じてなされた寄附を含む）
② ①の寄附をした者の氏名、住所および職業ならびに寄附の金額（金銭以外の財産上の利益については時価に見積つた金額）および年月日
③ 選挙運動に関するすべての支出（公職の候補者のために公職の候補者または出納責任者と意思を通じてなされた支出を含む）
④ ③の支出を受けた者の氏名、住所および職業ならびに支出の目的、金額および年月日

選挙運動収支報告書は公開され、その後3年間は閲覧することができます（公職選挙法第192条第1項〜第4項）。違法な寄附を受けていないか（同法第199条〜第199条の4）、すべての選挙（各候補者）の資金の流れを事後的にチェックでき、透明性が担保される仕組みとなっているのです。当然、支出の上限額を超えるものはすべて違法と認識され（同法第194条）、報告書に載ら（載せ）ない支出があるとすれば、「裏金」に他なりません。

他方、国民投票法は、国民投票運動を原則自由とする立法理念に則り（第100条等）、その費用（収入、支出）に関して何の規制も定めていません。個人、団体（政党、政治団体、企業、NPO、任意のパートナーシップなど）を問わず、運動主体として資金の受け皿を自由に作り、寄附等の収入を得ながら管理し、支出することができます。その収支を報告、公表する義務はなく、「表・裏」の区別がない資金はすべて、青天井の扱い（使い放題）となります。政治資金収入として禁止されている外国人、外国法人からの寄附も（政治資金規正法第22条の5）、国民投票運動のためには許容されます。選挙と国民投票は、収支報告の有無等に関して、真逆の制度設計になっているのです。

国民投票は、「自由」と「公正」がキーワードです。ことさら金銭に関しては、自由に費消されればされるほど、多くの有権者の投票意思が不当に歪められるなどして、その公正を害するおそれが高くなるというトレードオフの関係が成立します。深刻なのは、出処不明の多額の資金が特定の国民投票運動のために拠出、費消された場合です。多くの有権者の投票意思が不当に歪められ、国民投票の結果の公正に疑義が生じる事態に至っても、核心的な検証を阻むばかりか、選挙と異なり、やり直しが容易に利かないことから、消化できない政治的混乱を長年にわたって抱え込むことになるのです。ここに最大の問題があります。

国民投票運動主体の収支に関する制度設計としては、国会発議の日から投票期日までを運動資金規制に係る期間とすることを前提としつつ（国民投票運動期間＝運動資金規制期間）、(1)国民投票運動主体の登録制度、(2)運動素材上の氏名等明示義務、(3)国民投票運動の支出に関する上限規制、(4)「国民投票運動収支報告書」の作成、提出、(5)外国人寄附の禁止、の各項目を検討し、履行確保のための罰則とともに必要な法整備を図るべきです。

7-4-2　運動資金規制に関する私案

①国民投票運動主体の登録制度

　運動資金規制期間中、国民投票運動のために一定額（登録基準額）を超える支出を見込む個人、団体は、国民投票広報協議会にその登録を義務付けることとします（登録国民投票運動主体）。一般的な個人、活動団体はもちろん、政党、政治団体も一律（画一的）に対象とします。登録の手続は、国民投票運動主体の住所（所在地）の都道府県選挙管理委員会を通じて行うこととします。

　登録基準額は、低い数値を設定すると、対象が拡がって事務的負担が圧し掛かります。逆に高い数値を設定すると、大規模団体に対象が絞られてしまい、収支をオープンにして国民投票の公正を担保する趣旨が損なわれます。

　各国の実践例としては、イギリス国民投票（2016年）では10,000ポンド（約140万円）、ニュージーランド国民投票（2020年）では13,600NZドル（約92万円）が登録基準とされていました。また、オーストラリア国民投票（2023年）では、登録制度はないものの、寄附、支出額の公開のしきい値は15,200豪ドル（約143万円）でした（いずれも、当時の為替レート）。日本では3国の例を参考としつつ、100万円程度が妥当と解されます。

　なお、登録の基準は、国民投票運動のためのすべての支出ではなく、デジタル広告、テレビCMなど広範に影響を及ぼすものとして法が定めるもの（特定国民投票運動支出）に限定することも考えられます。

②運動素材上の氏名等明示義務

　登録国民投票運動主体は、自らの国民投票運動のために用いる素材に、その氏名（名称）、住所（所在地）、連絡先を明示しなければならないこととします。選挙運動に係る文書図画規制に相当する定めがないため、メール、チラシ、リーフレット、ポスター、看板、デジタル広告（静止画、動画）など、国民投票運動用には様々な素材が利用可能であるところ、原則そのすべてが対象です。氏名等明示義務を課すことは、運動用素材の出処、責任所在を明らかにするとともに、偽情報等の発信、拡散を抑制することにも有効です。

③国民投票運動の支出に関する上限規制

　登録国民投票運動主体が運動資金規制期間中、国民投票運動のために支

出できる額に上限を設けることとします。

　この点、イギリス国民投票（2016年、運動期間70日）では700,000ポンド（約9,800万円）、ニュージーランド国民投票（2020年、運動期間60日）では338,000NZドル（約2,300万円）でした。オーストラリア国民投票（2023年、運動期間218日）では、上限の設定はありませんでした。

　支出上限額は、運動資金規制期間の長短、人口等の要素を加味して決められるべきところ、運動期間が最長180日となる日本では、5億円が計算上妥当と解されます。

④国民投票運動収支報告書の作成、提出

　登録国民投票運動主体は「国民投票運動収支報告書」を作成し、国民投票期日の後、一定の期限までに、国民投票広報協議会に提出することとします。

　収入、支出の項目のあり方、記載方法はさらに検討が必要です。この点、選挙運動収支報告書には通常記載されないデジタル広告に関する支出など、項目の具体化が求められます。例えば、〇年〇月〇日、グーグル社に対して〇〇円支払ったという記載も、「広告宣伝費」では包括的に過ぎます。「〇月〇日から〇月〇日までのYoutube動画」「〇月〇日から〇月〇日までのディスプレイ広告」「〇月〇日から〇月〇日までのSEO対策」といった、細目（支出目的）が具体的に特定できる記載方法を採用すべきです。

　また、選挙運動とは異なり、複数の登録国民投票運動主体による「共同支出」の可能性がある点に留意し、支出の二重計上（関係する領収書の写しの二重添付）等が生じないよう、会計準則を適切に定める必要があります。

⑤外国人寄附の禁止

　登録国民投票運動主体は、外国人、外国法人から寄附を受けてはならないこととします。例外として、5年以上継続して株式を上場している日本法人は許容できます。政治資金規正法第22条の5との整合性を図る趣旨です。

7-4-3　オーストラリアとの制度比較

　オーストラリア憲法改正国民投票（2023年10月14日執行）の制度、運用に関しては、3-5-6（国民投票公報）、7-1-5（偽・誤情報対策）、7-2-3（デジタル広告の情報公開）、7-4-2（運動主体の収支の規制）で部分的に解説し

7-4 ● 国民投票運動主体の収支に関する規制

ましたが、次表で改めて整理しました（国民投票執行当時の為替レートは、1豪ドル＝約94円）。

2023年国民投票は、1984年国民投票（手続条項）法の改正を施し、運動主体の収支、広告放送に関する規制等を導入して初めて執行されたものでした。OECD加盟国において、国民投票の際の運動資金規制を置いている例がそもそも少なく、日本も、参考にすべき点が多くあります。

論点	オーストラリア 1984年国民投票（手続条項）法 （最終改正2023年3月） 国民投票期日：2023年10月14日（土）	日本 国民投票法 （最終改正 2021年6月） ―
①運動資金規制に係る期間の設定	○国民投票運動支出期間：総督による国民投票執行状の発布の日の6か月前に当たる日から投票期日までの間。 ○2023年国民投票では、執行状の発布が同年9月11日となったため、2023年3月11日から10月14日（投票期日）までの218日間が、国民投票運動支出期間となった。	なし
②運動者登録の義務	なし	なし
③運動素材上の氏名等の明記義務	○チラシ、ポスター、看板、ウェブサイトなどの運動素材に、氏名、連絡先等を明記しなければならない。 ○運動素材上のメッセージが英語ではない言語による場合、氏名等を英語で添記しなければならない。	
④運動支出額の上限規制	なし	なし
⑤運動主体の収支報告義務	○国民投票運動主体（個人、団体）は、(1)から(5)までを記載した報告書を、投票期日の15週後までに提出する義務を負う。 (1)発生した支出の詳細 (2)受領した寄附の総額 (3)寄附者の総数 (4)同一の者から受領した寄附の詳細（一回または総額で15,200豪ドルを超えるもの） (5)外国人寄附の規制を遵守する旨の宣誓 ○2023年国民投票では、報告書の提出期限は2024年1月29日と定められた。87の運動主体から提出があり、同年4月2日に公表された（(1)支出の詳細を除く）。	なし

173

7-4 ● 国民投票運動主体の収支に関する規制

	オーストラリア	日本
⑥寄附者の報告義務	○寄附者（個人、団体）は、一回または総額で15,200豪ドルを超える寄附について、(1)から(3)までを記載した報告書を、投票期日の15週後までに提出する義務を負う。 (1)寄附先の国民投票運動主体の名称 (2)寄附を行った日 (3)国民投票運動支出期間中に国民投票運動主体に対して行った寄附の額 ○2023年国民投票では、報告書の提出期限は2024年1月29日と定められた。223の寄附者から提出があり、同年4月2日に公表された。	なし
⑦外国人寄附の規制	外国人、外国法人は国民投票運動支出期間中、(1)100豪ドル以上の寄附、(2)国民投票運動のための1,000豪ドル以上の支出、をすることができない（違反行為に対する罰則あり）。	なし
⑧報告義務違反に関する罰則	虚偽の内容の報告、報告書の提出義務違反等に対する罰則規定あり。	なし
⑨広告放送の規制	○投票期日3日前から投票期日までの間、禁止。 ○2023年国民投票では、2023年10月12日から14日までの3日間、禁止された。	○投票期日14日前から投票期日までの間、禁止。
⑩デジタル広告の規制、情報公開	○法的規制はない。 ○デジタルプラットフォーム（グーグル）による自主的取組みとして、(1)広告主、(2)広告費、(3)広告表示期間、(4)推定表示回数、等の情報を公開している。州ごと、期間ごとの検索も可能である。	なし

7-5

公務員の組織的運動に対する規制

> **ポイント**
>
> 2014年改正法附則第4項は、公務員による組織的な勧誘運動等の規制に関する検討、法整備を課題として定めています。現在までのところ、その検討は有意に進んでいません。

7-5-1　組織的運動に対する規制の検討

　5-3、5-4で解説したとおり、国民投票法の制定・改正過程を通じ、一般職公務員による国民投票運動に対する規制のあり方について、その主体、行為態様の両面から様々な検討が加えられ、法制上の措置が講じられてきました。政治的中立性の確保と国民投票運動の自由の保障を両立させることは、それ自体相当なバランスを要する作業となります。しかし、まだ検討課題は残っています。

　2014年改正法附則第4項は、「国は、この法律の施行後速やかに、公務員の政治的中立性及び公務の公正性を確保する等の観点から、国民投票運動に関し、組織により行われる勧誘運動、署名運動及び示威運動の公務員による企画、主宰及び指導並びにこれらに類する行為に対する規制の在り方について検討を加え、必要な法制上の措置を講ずるものとする。」と規定しています。期限は示されていませんが、公務員による組織的な国民投票運動に関する規制の検討と法制上の措置を命ずる内容です。

　本項の規定は、主に職員団体（労働組合）を念頭に置いていることは明らかですが、現在までのところ、各党・会派ないし憲法審査会で正面から検討が行われたことは一度もありません。課題として残されたままであり、まずは今後の対応方針を決める必要があります。

7-5-2　検討の視点

　附則第4項の検討を行う上では、まず「組織」とは何を指すのか、「勧誘運動、署名運動、示威運動」「企画、主宰、指導」という例示に過不足がないかどうかが問題となります。

　また、「これに類する行為」とは、2014年改正の際に、「地域で誰もが知る

有名な公務員が、集団行進の最後を歩きながら、一般の住民に投票勧誘を行うような場合」との法案提出者による答弁が示されていますが、一般的にはどのような行為が「類する」ことになるのか、その定式化が必要となります。

　今後は、その規制の必要性の有無も含めて、行為類型を明確に絞り込むための検討が必要になります。

7-6

国民投票の自由妨害罪の新設

> **ポイント**
>
> 選挙の自由妨害罪の構成要件を拡大（類型明示）し、法定刑を引き上げる等の内容で、公職選挙法の改正が提案されています。国民投票への横並び適用（別途、法改正が必要）に関しては、妨害行為の対象、態様を明確に定められるか、慎重な検討が必要です。

7-6-1　背景となった自由妨害事件

　2024年4月16日に告示、28日に投開票が行われた衆議院議員補欠選挙（東京15区）では、ある候補者（陣営）が、他の候補者の街頭演説の場に街宣車で押し掛け、聴衆が当該演説の内容を聞き取れない程度の大音量で威圧的な発言をしたり、他の候補者の街宣車の走行に付きまとったり、他の候補者の選挙事務所に突然押し掛け、音を立てて騒ぐといった妨害行為が繰り返し行われ（その行為の動画配信も併せて）、選挙運動期間中から問題視されてきました。

　一連の妨害行為の影響で、街頭演説を中止したり、その予定場所を急きょ変更したり、遊説等のスケジュールを非公開対応と改める候補者が続きました。この点、公職選挙法第225条は「選挙の自由妨害罪」を定めていますが（後述）、犯罪類型が狭いことに加え、候補者自らが実行行為者となる場合には「候補者の選挙運動の自由」への配慮を要し、取締りも慎重にならざるを得ない実情があり、対応が遅れたとみられます。被害届（複数）の提出を受け、実行行為者が逮捕されたのは、投開票日から3週間ほど経った5月17日のことでした。

　刑事手続とは別に、国会では、選挙妨害の取締りの迅速性、実効性向上を求める意見が上がっており、公職選挙法の改正に向けた検討が進められてきました。

7-6-2　実際に提出された、公職選挙法の改正案

　前述の選挙妨害事件の被害に遭った立場でもある日本維新の会は2024年5月、公職選挙法の改正案を取りまとめ、同年6月18日、教育無償化を実

現する会（現在は維新に合流）、国民民主党とともに改正案を提出しました（第213回国会衆法第31号、2024年10月9日衆議院解散により廃案）。

ポイントは、①自由妨害罪（第225条）の法定刑の引上げ（4年以下→5年以下）、②「威力を加える方法」の例示として、「著しく粗野または乱暴な言動」「居宅もしくは選挙事務所への押し掛け」を明記すること（同条第1号）、③「演説を妨害する行為」の例示として、「聴衆が演説を聴取することを困難にする行為」を明記すること（同条第2号）、④選挙の取締り（第7条）を「公正かつ迅速」に執行する旨を明記すること、です。

＜維教国案に基づく、改正後の公職選挙法＞

第7条【選挙取締の公正確保】 検察官、都道府県公安委員会の委員及び警察官は、選挙の取締に関する規定を公正かつ迅速に執行しなければならない。

第225条【選挙の自由妨害罪】 選挙に関し、次の各号に掲げる行為をした者は、5年以下の拘禁刑または100万円以下の罰金に処する。

一　選挙人、公職の候補者、公職の候補者となろうとする者、選挙運動者又は当選人に対し暴行を加え、もしくは著しく粗野もしくは乱暴な言動、居宅もしくは選挙事務所への押し掛け等により威力を加え、またはこれをかどわかしたとき。

二　交通もしくは集会の便を妨げ、聴衆が演説を聴取することを著しく困難にする行為等により演説を妨害し、または文書図画を毀棄し、その他偽計詐術等不正の方法をもつて選挙の自由を妨害したとき。

三　（略）

第230条【多衆の選挙妨害罪】 多衆集合して第225条第1号または前条の罪を犯した者は、次の区分に従って処断する。選挙に関し、多衆集合して、交通もしくは集会の便を妨げ、または聴衆が演説を聴取することを著しく困難にする行為等により演説を妨害した者も、同様とする。

一　～　三　（略）

2　（略）

7-6-3　国民投票への罰則適用とその問題

5-7では、投票の自由・平穏を害する罪の類型を解説しました。

国民投票法は、職権濫用による国民投票の自由妨害罪を規定していますが（第111条）、公職選挙法第225条に相当する一般的な自由妨害罪の規定を置いていません（表）。

	公職選挙法	国民投票法
自由妨害罪	第225条	× 規定なし
職権濫用による自由妨害罪	第226条	第111条

国会が発議した憲法改正案の内容にもよりますが、政党、政治家という媒介が一般的に外れる形で賛成投票、反対投票の勧誘運動が行われることにより、とりわけ街頭演説の場所では、個人レベルの感情的な意見対立、争いが剥き出しの状態となるため、様々な偶発事象が重なって、暴力的な事態に至ってしまうリスクが高い面は否定できません。

この限りで、国民投票の自由妨害罪を新設する意義が認められるといえますが、検討するに際して注意すべき点があります。

第一に、罰則適用の限定が困難である点です。この点、選挙運動の街頭演説では、演説者（候補者など）がその場にとどまる形で「標旗」を掲示しなければならず（公職選挙法第164条の5、第244条第1項第5号の2）、運動の従事者（ビラ配布を行うスタッフなど）は個々に「腕章」を着用しなければなりません（第164条の7）。これらの外形表示により、選挙運動の主体（人的範囲）が明確になります。他方、国民投票運動の街頭演説では標旗掲示、腕章着用の義務はなく、その運動としての人的、時間的範囲が特定しづらい点が指摘できます。選挙と同様の自由妨害罪を設けると、その適用範囲が拡がり過ぎることが懸念され、罪刑法定主義の観点から問題が残ります。

第二に、国民投票の自由妨害罪は、制度設計次第ですが、国民投票無効訴訟（国民投票法第127条）の対象となり得ることにも注意が必要です。

なお、国民投票の取締りに関しては、国民投票法第9条が「公職選挙法第7条の規定は、国民投票の取締りに関する規定の執行について準用する。」と規定しているとおり、「公正かつ迅速」という改正部分に限れば、そのまま連動させることができます。

7-7

絶対得票率要件の採用

> **ポイント**
>
> 憲法改正が、低い「得票率」の下でも成立してしまう問題を解決するために、投票総数の過半数に「絶対得票率」要件を加えることを検討する余地があります。なお、これとは異なる「最低投票率」要件では、結論に矛盾が生じ、妥当な解決を図ることができません。

7-7-1 過半数成立要件の限界論

6-3で解説したとおり、憲法改正は、賛成投票数が「投票総数の過半数」に達することで成立します。賛成投票数が反対投票数より1票でも多ければ、過半数です。1票差というのは極端な例ですが、全有権者数に比べて、賛成投票数がどれほど低い割合（低得票率）であっても、成立することに変わりません。

具体的な投票数を当てはめてみます。全有権者数1億のうち、賛成投票数1,000万、反対投票数900万という結果が得られたとします。賛成投票数は投票総数1,900万の過半数に達し、憲法改正は成立しますが、全有権者のうち10人に1人しか賛成していないことになり、その少ない賛成得票率（10％）は、後の憲法体系を不安定にする要因となりえます。

7-7-2 最低投票率要件がもたらす矛盾

この単純な過半数成立要件（憲法第96条第1項、国民投票法第98条第2項）の限界ともいえる問題をどう解決すべきか、次の円グラフ(A)(B)を基に考察していきます。ともに、国民投票の仮想結果です。

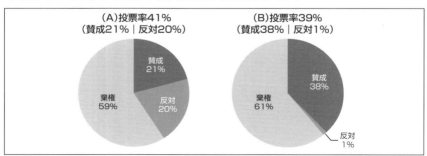

(A)は賛成21％、反対20％、(B)は賛成38％、反対1％という結果を示しています。百分率において(A)(B)いずれも賛成投票数が投票総数の過半数に達しているので、憲法改正は成立することになります。

数値が小さいのであえて円グラフ表示にはしませんが、賛成10％、反対9％であっても、さらに賛成2％、反対1％でも同様です。要は、賛成投票数が投票総数の過半数に達していることには変わりはないため、憲法改正は成立します。

成立要件のハードルを上げる策として、従来から主張されてきたのが「最低投票率要件」の採用です。過半数要件はそのままに「投票率が○○％を超えること」という要件を加えるものです。

ここで、(A)(B)について、「投票率が40％を超えること」という最低投票率40％要件を加味して考えてみます。

(A)は投票率41％で、最低投票率40％ルールを充たし、憲法改正が成立するという結論は変わりません。他方、(B)は投票率39％で、最低投票率40％ルールを充たさないので、憲法改正は不成立ということになります。

しかし、ここで問題が生じます。(A)では賛成21％、(B)では賛成38％で、賛成投票数では(A)よりも(B)の方が上回っているにもかかわらず、憲法改正が不成立となってしまうのです。比較の上で、これは明らかに不合理です。

このような不合理が生じるのは、最低投票率要件が「反対投票数」をも考慮要素に加えてしまうからです。本来、全有権者数に対して賛成投票数が著しく少ない割合で憲法改正が成立してしまうこと(低得票率)の問題に対応すべきところ、賛成投票数(割合)だけに着目することなく、反対投票数(割合)も加えてしまっています。その結果、(B)を不成立にする一方、賛成投票の数がより少ない方(A)を成立させてしまうのです。

最低投票率要件をさらに厳しくしても、事情は変わりません。たとえば、最低投票率を倍の80％とした上で、(A')投票率81％（賛成41％、反対40％）、(B')投票率79％（賛成78％、反対1％)の二つを比べることによっても、賛成投票数がより多い(B')を不成立にしてしまう不合理さは一目瞭然です。

したがって、最低投票率要件では、賛成投票数が少ない場合において憲法改正が成立してしまう問題を、合理的に解決することができません。

7-7-3　投票棄権を誘発するリスク

　最低投票率要件は、民主主義社会にとってさらに致命的なリスクを含みます。それは、投票棄権（ボイコット）を誘発してしまう点です。

　もう一度、（B）をご覧ください。賛成38％、反対1％（投票率39％）という結果で、最低投票率40％ルールの下では憲法改正は不成立となりますが、もし、賛成38％はそのままでも、反対が2％を超えればどうなるでしょうか。賛成・反対の合計の投票率は、最低投票率40％を充たして（超えて）しまい、一転して成立してしまいます。

　これは、賛成の国民投票運動を展開する側からすれば「望ましい結果」といえますが、反対の側からすれば、わざわざ反対投票を行った有権者は、その行為を非難されたり、自ら後悔することになりかねません。2％が棄権さえすれば、不成立に追い込むことができたからです。

　以上のように、最低投票率要件は、投票棄権に法的な意味（効果）を与えてしまいます。本来、憲法改正に反対する意思は、棄権という手段ではなく、投票用紙に向き合って反映させることが重要であるにも関わらず、制度として消極的な行動を誘引してしまうのです。

7-7-4　"絶対得票率"を上手く採用した、沖縄県民投票条例

　ここまで例証してきたように、過半数要件に加重するとしても、最低投票率要件を採用することはできません。採用するとすれば、「賛成投票数が全有権者数の〇〇％を超えること」という、絶対得票率のルールです。

　想起すべきは、辺野古米軍基地建設のための埋立ての賛否を問う県民投票条例（2018年沖縄県条例第62号）です。県民投票条例は最低投票率要件を採用せず、第10条第2項で「県民投票において、本件埋立てに対する賛成投票数、反対投票数、またはどちらでもないの投票数のいずれか多い数が投票資格者の総数の4分の1に達したときは、知事はその結果を尊重しなければならない。」と、絶対得票率25％要件を採用していました。

　沖縄県民投票条例第10条第2項を参考に、（A）（B）について改めて、「賛成投票数が全有権者の25％を超えること」という絶対得票率25％ルールを適用してみます。

　（A）は賛成21％で、絶対得票率25％を超えず、憲法改正は不成立になります。他方、（B）は賛成38％で、絶対得票率25％を超えるので、憲法改正

は成立することになります。先の最低投票率40％要件を適用した場合と比較して、結論は真逆になります。

　25％を超える賛成投票が絶対的に必要となれば、極端に低い数で憲法改正が成立する問題を合理的にクリアできます。憲法改正の成立をめざす側は、過半数だけでなく、この25％を超えるべく、賛成投票の勧誘運動を懸命に展開することになります。逆に、反対の立場は、投票棄権が法的な意味をなさない中で、賛成投票の勧誘運動を上回ろうと、さらに懸命に、反対投票の勧誘運動を展開することでしょう。全体として、賛成・反対を合わせた投票率が向上する効果が得られます。

　以上のように、過半数成立要件を加重するとすれば、絶対得票率要件を採用すべきです。元々、「得票率」の問題であるにもかかわらず、「投票率」を持ち出して克服しようとすること自体、数学的、論理的な困難を抱えているのです。

　なお、この問題は、国民投票法第98条第2項の改正にとどまらず、憲法第96条第1項の改正の議論に連なることに留意する必要があります。

7-8
選挙との制度間較差の解消

> **ポイント**
>
> 有権者の投票環境、投票・開票の実務の内容に関して、選挙と国民投票との間に不合理な較差が存在することは、好ましくありません。現在、制度スペック（利便性、効率性）の上で、公職選挙法が先行しています。国民投票法の必要な改正を速やかに行い、較差を解消する必要があります。

■ 7-8-1　較差解消の必要性

　有権者にとっての投票環境（利便性、快適性）、投票・開票の実務の内容に関して、選挙と国民投票との間に較差が存在することは、決して好ましくありません。例えば、選挙、国民投票の投票期日、期日前投票の期間が重なる場合に、選挙では認められる（許される）のに、国民投票では認められない（許されない）事項が一つでもあれば、投票人、実務関係者の双方に混乱をもたらします。表は、投票環境の向上等の施策に関する、選挙（公職選挙法）と国民投票（国民投票法）の制度間較差をまとめたものです。項目の1から7までは、累次にわたる公職選挙法の改正（2016年）で実現した内容であり、国民投票に関しても2021年改正法で対応済みとなっています。しかし、項目の8から10までは、国民投票法の対応（必要な改正）が済んでいません。

	投票環境の向上等の施策	公職選挙法	国民投票法	
1	有権者（選挙人／投票人）名簿の閲覧制度	○	○	2021年改正法で対応済み
2	在外有権者（選挙人／投票人）名簿の登録の便宜	○	○	
3	共通投票所の設置	○	○	
4	期日前投票の弾力的運用	○	○	
5	期日前投票の事由の追加	○	○	
6	繰延投票期日の告示の期限短縮	○	○	
7	こども（18歳未満）の投票所立入りの明確化	○	○	
8	天災等の場合における開票所の設置の効率化	○	×	未対応
9	投票管理者等の選任要件の緩和	○	×	
10	FM放送による広報 ・（選挙）政見放送、候補者経歴放送 ・（国民投票）憲法改正案広報放送	○	×	

7-8-2　未対応項目の内容

　選挙では、2019年公選法等改正法により、項目8、9が実現しています。

　項目8は、天災等の場合における安全、迅速な開票に向けた規定の新設です。第48回衆議院議員総選挙（2017年10月22日執行）において、台風21号の影響で離島までの船が欠航し、当日、投票所から開票所に投票箱を送致できなかった事案が発生しました（愛知県西尾市の佐久島、宮崎県延岡市の島野浦島など）。天災等の場合でも安全、迅速に開票を行う観点から、開票日に近接して現地で開票所を設ける場合の規定が新設されています（公職選挙法第62条第8項）。

　項目9は、投票管理者等の選任要件の緩和です。投票所、開票所の円滑な設置、運営を図るため、投票管理者（公職選挙法第37条第2項）、投票立会人（同第38条第1項第2項）、開票立会人（同第62条第1項）、および選挙立会人（同第76条）の選任要件が緩和されています。

　また、2022年公選法等改正法により、項目10が実現しています。放送事業者におけるAM放送からFM放送への周波数転換や併用の動向を踏まえ、政見放送、候補者経歴放送にFM放送の設備が使用できることとなっています（公職選挙法第150条第1項・第3項、第151条第2項）。国民投票法では、3-6で解説した憲法改正案広報放送にFM放送を追加することが必要となります。

7-8-3　公職選挙法改正と時機を同じくする必要

　公職選挙法と国民投票法は別個独立した法律であり、たとえ同趣旨の改正でも、立法のタイミングが合わなければ、制度間較差が生じてしまいます。

　国民投票法の改正が進まない中で、公職選挙法の改正がさらに先行してしまう例もあります。時系列的にみれば、前記の2019年公選法等改正法により実現した項目8、9は、国民投票法の2021年改正法に反映されるべきものでした。しかし、2021年改正法は、項目1から7までに対応する目的で2018年6月27日、衆議院に提出されたものの、遅々として審査が進まず、その間に2019年公選法等改正法が成立したため、対応が後手に回った経緯があります。筆者はこの点を「立法事故」と捉えています。

　今後、このような法整備の遅延（立法不作為）による不都合、不合理を生まないために、投票環境の向上等の内容に関するものは、原則として公職選挙

法改正案と国民投票法改正案を一本の法案として扱い、成立を図るべきです。

　過去の類似例として「成年被後見人の選挙権の回復等のための公職選挙法等の一部を改正する法律」（2013年5月31日法律第21号）が挙げられます。この法律は、全会一致で成立しましたが、成年被後見人の選挙権だけでなく、国民投票権も回復しています。また、法案提出のみで終わっていますが、民主党・無所属クラブ（衆議院会派）が2015年9月16日に提出した「公職選挙法及び日本国憲法の改正手続に関する法律の一部を改正する法律案」（第189回国会衆法第41号）のような例もあります（期日前投票の弾力的運用を可能とするなどの内容でした）。

　改正の趣旨が共通するのであれば、両法は同じタイミングで改正すべきです。別立てとすると、立法効率を悪くし、「事故」を繰り返す原因となります。

7-9

執行経費基準の法定

> **ポイント**
>
> 国民投票の執行経費は、すべて国が負担します。都道府県、市区町村に対する支出金の額の算定について、その基準を定める法律を別に整備する必要があります。

■ 7-9-1　執行経費基準の欠缺

　国民投票の執行に係る費用はすべて国庫の負担となります（地方財政法第10条の4第1号、国民投票法第136条）。都道府県、市区町村に対しては、国民投票事務の円滑な執行を確保するため、当該事務を行うために必要で、かつ充分な金額を基礎として、その支出金の額を算定しなければなりません（国民投票法第137条第1項）。

　その支出金は、国（総務大臣）から都道府県へ、都道府県から市区町村および不在者投票管理者に交付されます（国民投票法施行令第139条第1項）。都道府県、市区町村に対する支出は、その支出金を財源とする経費の支出時期に遅れないようにしなければなりません（国民投票法第137条第2項）。

　しかし、国民投票事務に関しては、その経費の基準額を定める法律がなく、法的な根拠を欠いています。国は現状、都道府県、市区町村および不在者投票管理者に対して必要な支出を行うことができません。執行経費基準法は、国会議員の選挙（憲法第43条）、最高裁判所裁判官国民審査（第79条）および地方自治特別法住民投票（第95条）の事務に係る経費の基準額を定めていますが、憲法改正国民投票（第96条）については、これらに相当する規定を置いていないのです。

　執行経費基準を欠いたまま国会が憲法改正の発議をすると、都道府県、市区町村は実質的な財源の手当てがないまま、第一号法定受託事務とされる国民投票関係事務を処理する責任だけを負ってしまいます。

■ 7-9-2　「時限立法」整備の必要性

　国民投票に関しては、①投票所経費、②共通投票所経費、③期日前投票所経費、④開票所経費、⑤国民投票分会経費、⑥国民投票公報発行費、⑦事務

費、⑧不在者投票特別経費、および⑨在外投票特別経費の基準額を法定する必要があります。

　その立法形式については、執行経費基準法の改正によることも否定されませんが、時限立法（国民投票の執行経費の基準等を定める法律（仮））に拠るものとして、内閣が法案提出主体となると解されます。国民投票は国会議員の選挙等とは異なり、恒常的に行われるものではないため、その執行経費の基準額については、その都度、技術的な定めをすれば足りるからです。

●執行経費基準の欠缺

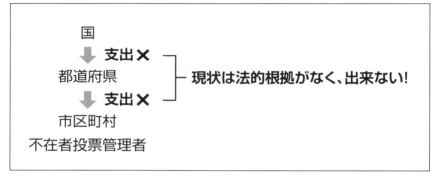

7-10

国民投票の対象拡大

> **ポイント**
>
> 憲法改正以外の「国政問題案件」について任意的、諮問的な国民投票を執行することを、憲法は否定していないと解されます。特に、「憲法改正問題予備的国民投票」の制度設計は、国民投票法制定以来の課題となっています。

7-10-1　憲法改正以外を対象とする国民投票

　憲法第96条は、国会が発議した憲法改正案を対象とする国民投票について定めています。国会が憲法改正の発議をした場合には、国民投票が必ず執行されます。そして、その国民投票の結果（承認・不承認）は、国およびその機関を法的に拘束します。したがって、憲法改正国民投票は、「必要的・拘束的国民投票」と分類することができます。

　他方、憲法改正以外の国政問題案件を対象とする一般的国民投票は、憲法上その根拠となる規定がありません。とはいえ、憲法が完全に禁止しているとまでは解釈できません。憲法は、「間接民主制」を国政の原則として採用していますが（前文、第43条）、通常の政治のプロセスでは国民の意思を集約することができない重要な問題が顕在化した場合など、補完的な意味で一般的国民投票を実施する意義が認められるといえます。憲法自体、一般的国民投票を許容していると解されます。

　仮に一般的国民投票を制度化する場合には、当該国民投票の結果に国およびその機関が法的に拘束されないことが前提です。この意味で、一般的国民投票は、「任意的・諮問的国民投票」と分類することができます。

7-10-2　一般的国民投票の分類

　一般的国民投票は、次のように区分することができます。制度化するためには、現行の国民投票法とは別に法律（執行法）を定める必要があります。

```
一般的国民投票（広義） ┬─ 一般的国民投票（狭義）
                      └─ 憲法改正問題予備的国民投票（2014年改正法附則第5項）
```

過去には、一般的国民投票制度に関する法律案が提出されたことがあります。

まず、民主党・無所属クラブ（衆議院会派）は、「日本国憲法の改正及び国政における重要な問題に係る案件の発議手続及び国民投票に関する法律案」（第166回国会衆法第31号）を提出し、その後、同案の修正案を提出しています。民主党・新緑風会（参議院会派）も、衆法の修正案とほぼ同じ内容の法律案を提出しています（第166回国会参法第5号）。

その中では、国政問題国民投票の対象となる案件として、①憲法改正の対象となり得る問題、②統治機構に関する問題、③生命倫理に関する問題、および④その他の国民投票の対象とするにふさわしい問題として別に定める問題、の4項目が例示されていました。国政問題国民投票の制度設計は、憲法改正国民投票に関する手続規定を準用しつつ、その結果は、国およびその機関を拘束しないことを明文で定めていました。

また、みんなの党（参議院会派、現在は解散）は、「エネルギー政策の見直し及びこれに関する原子力発電の継続についての国民投票に関する法律案」（第177回国会参法第22号）、「内閣総理大臣の指名に係る国民投票制度の創設に関する法律案」（第180回国会参法第17号）を提出したことがあります。もっとも、第177回国会、第180回国会における同会派の所属議員数は11名であり、一会派で「予算を伴う法律案」を提出できる員数要件を充たしていなかったため（国会法第56条第1項但書の規定により、提出者とは別に20名以上の賛成が必要）、両法案は国民投票の執行法と呼べるものではなく、枠組法ないし理念法としての内容にとどまっています。

7-10-3　憲法改正問題予備的国民投票

2014年改正法附則5項は、「国は、この法律の施行後速やかに、憲法改正を要する問題及び憲法改正の対象となり得る問題についての国民投票制度に関し、その意義及び必要性について、日本国憲法の採用する間接民主制との整合性の確保その他の観点から更に検討を加え、必要な措置を講ずるものとする。」と定めています。

①憲法改正を要する問題の国民投票、②憲法改正の対象となり得る問題についての国民投票は、狭義の一般的国民投票と区別されるところの「憲法改正問題予備的国民投票」と呼ばれるものです。①②は「憲法改正」が共通の

キーワードになっており、制度としては、「憲法第96条の周辺に位置している」と評されることもあります。

①憲法改正を要する問題についての国民投票とは、例えば、国の立法権の一部を移譲することなどを含む道州制を導入しようとする場合、このような制度を検討することの是非を含め、あらかじめ国民の賛否を問うケースが考えられます。道州制の導入に関して、国会が直に憲法改正の発議を行えば、その通りに国民投票が実施されることになりますが、①はその前段階として、国民の多数が道州制の導入に賛意を有しているかどうか、いわば「世論調査的な国民投票」として実施されるものです。

②憲法改正の対象となり得る問題とは、近年の例では、天皇の生前退位に関する根拠規定の整備の問題が挙げられます。直ちに、現行憲法の改正を要する問題であるとはいえないものの、将来、憲法上の制度として明確にする必要性が否定できないものです。この場合も①と同様、天皇の生前退位に賛意を有しているかどうか、「世論調査的な国民投票」を実施することになります。国は、その結果を尊重しつつ、将来の憲法改正の発議に向けた議論を継続したり、当面の法整備に対応することになります。

①はもちろん、②についても、投票結果において賛意が多く示されれば、憲法改正の発議につながる可能性が認められ、賛意が少なければ、本番の憲法改正国民投票でも「否決」されるおそれが高いことが予想されるので、常識的に考えれば、国会は憲法改正の発議を控えることになります。いわば予備的な世論調査によって、「ぶっつけ本番」で否決されるリスクを回避するのです。

7-10-4　投票結果を尊重させる"政治的担保"

一般的国民投票に関しては、法的拘束力を正面から認める立法が困難である以上、国に投票結果を尊重させるには、運用上の工夫を講ずるほかありません。

案件にもよりますが、国民投票を執行する前（法案審査の段階）に、①投票結果を尊重するか否か、②投票結果を尊重するとした場合、どのような施策を進めるか、といった点について各党・会派、内閣に意見表明（答弁）を行わせ、その内容を「国民投票のマニフェスト」と位置づけてその約束を遵守させるといった方法が考えられます。

7-10 ● 国民投票の対象拡大

　与党、野党を問わず、投票結果を「尊重しない」と宣言した政党はもちろん、事前の約束と違った施策を実行し、その方針を打ち立てている政党は、国民投票の後に行われる最初の国政選挙において、有権者から厳しい非難、審判を受けることになります。厳しい非難、審判を回避しようとすれば、投票結果を尊重するしか途はなくなり、その意味での政治的担保が奏功します。

● 予備的国民投票

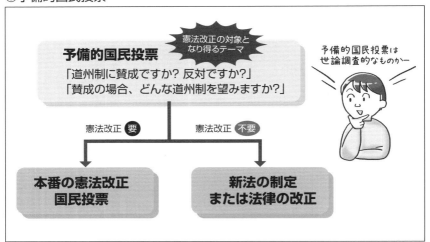

7-11
憲法改正論議停滞の原因分析

> **ポイント**
>
> 憲法改正論議は現状、具体的な進展をみることなく、混沌状態が続いています。そもそも憲法改正は、大会派が無理やり各論協議に持ち込んで結実する案件ではありません。まず、議論を停滞させる諸原因を分析し、解決する政治的努力が求められます。構図を単純化し、マッチポンプを繰り返すメディアの論調にも注意が必要です。

7-11-1　原因分析と認識共有の必要性

　第7章の最後は、政治的カテゴリーに属する課題として、憲法改正論議が停滞している原因分析と認識共有の必要性について述べます。

　憲法公布80年（2026年11月3日）、施行80年（2027年5月3日）という節目が近づく中でも、憲法改正論議は現状、具体的な進展を見ていません。時折、衆参憲法審査会での討議、本会議、予算委員会等での憲法関連の論戦の様子が報じられ、何らかのテーマで議論が行われている雰囲気は伝わってきますが、一過性のものであり、波及効果に欠けるものです。

　実際、各党・会派間で幅広い合意に至ることはなく、専ら時間稼ぎ、かつ雰囲気維持のための「憲法改正やるやる詐欺」が横行し、長年にわたって「都度、振り出しに戻る」事象が繰り返されています。国民投票法の制定（国会法の改正）により、憲法改正の発議、国民投票の執行に係る大枠の法整備が完了しましたが、全面施行15年（2025年5月18日）の節目を迎えつつあっても、肝心の手続論は常に脇に置かれ（度外視され）、淡々と時が過ぎ去っています。

　憲法改正論議の停滞には、複数の理由が絡み合っています。その原因を分析し、一定の対応を為さないまま、「憲法改正やるやる」を時候の挨拶程度に交わしても、結果として、国民投票法が制定される以前の政治・社会状況と大差が無くなってしまい、この国の立憲政治を「漸進」させることができません。

　憲法改正に対する「賛成派」「反対派」「いずれでもない中間派」といった立場の違いに関わらず、議論停滞の原因分析と認識共有をしておくことが有益です。何より、状況を客観的に評価することが第一歩です。

7-11-2　原因① 憲法改正を推進し、実現する主体に関する誤認、錯覚

　第一の原因は、憲法改正を推進し、実現する主体に関する誤認、錯覚がみられることです。

　近年、憲法改正問題に関して「内閣」「内閣総理大臣」「自由民主党」を主語に置き、その主体性を強調した議論が続けられてきた影響で、社会的な認知の上での弊害が生じています。メディアが便宜的に用いた、故・安倍晋三元内閣総理大臣の冠を取った「安倍改憲」が最たる例で、まるで議論の「共通の土俵」（フォーマット）であるかのように、何の抵抗もなく用いられてきました。賛成派、反対派のいずれも、「内閣」「内閣総理大臣」の掛け声に引き摺られる傾向が顕著にみられ、その誤認、錯覚は、安倍元総理が死去した後、今なお、その残滓を拭い切れていません。

　しかし、そもそも内閣（総理大臣）に憲法改正の発議をする権限も無ければ、国民投票の手続を省いて、憲法改正を成立させることはできません。また、先にも述べたように、自由民主党は衆参の所属議員数の上で第一会派の勢力を有していますが、単独では発議要件をクリアできません。「自由民主党が提示する憲法改正案がそのまま発議され、国民投票に付される」というのも完全なミスリードです。

7-11-3　原因② 多人多脚走的合意形成観の未定着

　第二の原因は、憲法改正に関する多人多脚走的合意形成観が定着していないことです。

　衆参本会議において、総議員の3分の1以上を定足数とし、出席議員の過半数を表決要件とする通常の議案の多数決とは異なり（憲法第56条、第59条）、憲法改正の発議は「各議院の総議員の3分の2以上の賛成」という特別多数決に拠るため、与党プラスαの合意形成が不可欠となります（全会一致が理想であることは言うまでもありません）。この意味で、1-2-2で多人多脚走的合意形成観の必要性を解説したところですが、未だに、定着しているとは言い難い状況です。

　大会派が威勢を張るだけでは、ユニラテラリズム（単独行動主義）の弊害が露呈するだけであり、議論は前進しません。実際の多人多脚走では、一のチーム内で俊足の最たる者が、遅い者のペースに合わせて走る姿を想起すべきで

す。俊足自慢者ほど「やるやる詐欺」の傾向が強い面がありますが、始終、走者全員が同じスピードを維持することに専念、配慮することが求められます。誤解、批判を恐れず言えば、少数会派の意見を丸呑みする程度の度量が必要です。

憲法改正の具体的なスケジュールに関係して有力な政治家が発言した場合に、その発言をめぐって賛成、反対双方の立場から議論が興り、まるで一個のボールをひたすら集団で（敵、味方関係なく）追いかけ回す「こどものサッカー現象」がしばしば起きます。その発言を取り上げることに意味がないわけではありませんが、その趣旨は往々にして多人多脚走的合意形成観を度外視したものであり、実際に局面を打開できたことは一度もない（かつての「安倍改憲」が典型例）、という点を経験則として受け容れるべきです。

憲法改正原案が提出されるまでの間は、国民投票法改正案の起草から成立に至るまでの過程が、多人多脚走の編成のトライアルと位置付けられます。今は、トライアルを繰り返すことによる、政治的な意味での「場数」が求められます。

7-11-4　原因③「改憲勢力」を単純な和で捉える誤謬

第三の原因は、「改憲勢力」を会派所属議員数の単純な和で捉える誤謬です。

「改憲勢力」は、巷に溢れているメディア用語です。メディアは、衆議院議員の総選挙、参議院議員の通常選挙が執行される度に、憲法改正に賛成の立場を取る政党（会派）の議員数の単純な和を以て、憲法改正発議要件（各議院の総議員の3分の2以上の賛成による議決。衆議院では310名以上、参議院では166名以上の賛成が必要）を超えるかどうかを各選挙の「焦点」と位置づけ、発議の帰趨を論じる傾向があります。

この点、諸会派が「改憲勢力」として、目指す改正の方向性（総論、各論）が一致しているのであれば、単純な足し算の答え（和）を以て発議成功の可能性を論じる意味があります。しかし、方向性が一致していない部分があるのであれば、本来足すべきではないものの和を求め、議論を展開していることになります。

少なくとも2016年7月から2024年10月までの約8年3か月間、衆参両院で「改憲勢力」が発議要件を超える議員数を維持していましたが、発議どころか、憲法改正原案の提出にすら至っていません（通常、その前段階を集団

で彷徨っています)。「改憲勢力」の用語遣いに対しては懐疑的な姿勢が必要で、単純な和を形成してこなかった過去、そして現実を冷静に受け止める必要があります。

7-11-5　原因④ 会期制による議論の細切れ化

　第四の原因は、国会が会期制に拠っているために、憲法改正論議が必然的に細切れ化することです。

　毎年1月に召集される常会の会期は150日間であり(国会法第2条、第10条本文)、臨時、特別会の会期は両議院の議決により、任意に定められます(第11条)。年間を通じて、一の国会が開かれているわけではありません。

　会期制の下、憲法改正論議は会期毎に細切れと化してしまいます。例えば、2023年の常会(第211回国会)の会期終了日は6月21日でしたが、次の臨時会(第212回国会)が召集されたのは10月20日のことで、4か月間(1年間の3分の1に当たる)、国会は閉会していました。2024年の常会(第213回国会)の会期終了日は6月23日でしたが、次の臨時会(第214回国会)は10月1日から9日まで(最終日に衆議院解散)、特別会(第215回国会)は11月11日から14日まで、年内二度目の臨時会(第216回国会)は11月28日から12月24日までと短期の国会が連続し、閉会中の期間が長かったことは記憶に新しいところです。

　閉会期間中、議論は当然、ストップしたままです。そして、国会召集の度に、各党・会派の協議により、討議テーマをリマインドしながら、再設定することから始めなければなりません。

　結局、憲法改正のような高難易度の案件に関して合意形成を加速しようとしても、継続性を維持することさえ覚束ず、時間的制約のハードルが常に立ちはだかるのです。この問題を根本的に改善し、克服しようとすれば、実質的な「通年会期制」を採用するなど、制度面の手当ても必要です。

7-11-6　原因⑤ 週一回にとどまる憲法審査会の定例日

　第五の原因は、憲法審査会の開催が会期中「週一回」にとどまることです。

　常会は、毎年1月に召集され、会期が150日とされていますが、150日間、憲法審査会を連日開催するわけではありません。2-4で解説したとおり、議院慣例上、他の委員会、調査会と同様に定例日が設けられており、衆議院は

木曜日、参議院は水曜日とされています。会期中の開催回数は、自ずと限られることになります。

　また、総予算が審査、審議される毎年1月から3月までの間、憲法審査会を開かないことも通例化しつつあります。衆議院では、おおむね2月下旬には総予算の議決を終えるので、3月には憲法審査会の議事を始められるはずですが、近年は遅れる傾向にあります。参議院では、3月下旬まで総予算の審査が続きます。結局、総予算が参議院で可決、成立した後、4月から会期末までの後半国会の期間（2か月半程度）に限られることになります。

　衆議院では、一部の会派から定例日以外の開催や小委員会の活用なども提案されていますが、一度も実現していません。

7-11-7　原因⑥ 衆参間にある取組み姿勢の温度差

　第六の原因は、衆議院と参議院の間に、憲法改正に対する取組み姿勢に温度差がみられることです。

　およそ国会（衆参の委員会、本会議）の日程は、内閣が提出した法律案、総予算等の議案をできるだけ効率的に処理し、成立させる（両議院の議決）ことを念頭に、野党会派の主張も採用しながら、決定されます。議案送受の関係を前提に、与党国会対策委員会が裏方として奔走し、①いつ、どの委員会で、どの議案を扱うか、②他の議院に議案を送付するタイミングはいつか、を常に調整しています。衆議院と参議院は相互に独立して活動しますが、実際は衆参与党国対の調整によって、機能的な連関があるものとして、議案処理が図られています。

　しかし、憲法審査会については、憲法改正原案、国民投票法改正案などの議案が付託されている場合を除いて、通常は、議案送受の関係には立たず、相互独立して活動（討議など）しています。現実問題として、憲法改正に対する取組み姿勢の温度差があり、「衆高参低」の状況を指摘することができます。

　参議院憲法審査会では過去、2018年2月（第196回国会）から2021年4月（第204回国会）までの3年2か月間にわたって、形式的な議事手続（会長の選挙、幹事の選任、請願の採択その他会期末処理）を除いて、実質的な討議が行われなかったことがあります。参議院議員の任期（6年）の半分を超える期間です。当時、憲法改正問題に熱心な姿勢をみせていた故・安倍晋三氏、後継の菅義偉氏が内閣総理大臣の任にあった期間と重なりますが、実際

には、いわゆる森友・加計問題の発覚、新型コロナウイルス感染症のまん延等の政治・社会情勢の影響もあり、憲法改正論議は根元からブレーキがかかった状態にありました。

議員任期途中の解散制度がない参議院では、政局とは離れた環境で議論することが期待されていますが、今や衆議院並みに政局の影響を受けやすく、跛行状態に自ら陥りやすいことは否定できません。昨今、定例日である水曜日に憲法審査会を開かず、その幹事懇談会に当てるなど、定例日を間引くことも行われています(幹事懇談会は、定例日の前日までに行い、当日の運営に備えるのが通例です)。定例日の変更(月または金)も模索されていますが、実現は未知数です。

さらに指摘すれば、衆参与党国対の間にさえ、憲法改正に対する取組み姿勢の温度差が存在しています(8-6で解説する第3次改正法案の審査が一向に進まなかった遠因でもあります)。例えば、衆議院では例年、憲法記念日の前後において、憲法改正論議のアクセルを踏もうとする傾向が特に目立ってきますが、参議院では衆議院から次々と送付される内閣提出法案の審査、審議が繁忙状態と化していくため、野党会派との日程交渉を行う上の障害とならないよう、封印しようとする傾向が強くなっていきます。

7-11-8　原因⑦ 手続法制上の課題積み残し

第七の原因は、7-1以降で解説した課題に関して、必要な検討、法整備が進まず、積み残しになっていることです。

課題の内容はここでは繰り返しませんが、鉄道に喩えれば、線路敷設、保安設備の工事の目途が立っていない段階であるにもかかわらず、新型車両が完成した事実だけを以て、「開通・開業」を強引に推し進めようとする姿勢に他なりません。言うまでもなく、イメージが先行するだけで、実体が伴いません。昨今、憲法改正案の起草準備のみ推し進めて、強行突破しようとする風潮が強くなっていますが、その分、国民投票法制の改革を確実に遅らせています。

課題については、自然と解決することは決してなく、国会は今後の検討の方向性、法整備のロードマップを改めて作成し、実行する必要があります。有権者は、古い制度スペックのまま、現行の国民投票法制の下で国民投票が執行されることを望んでいません。

第8章

国民投票法の歴史
― 制定・改正の経緯 ―

8-1 政党間の合意形成と2007年の法制定

> **ポイント**
>
> 国民投票法が制定されるまで、憲法施行から60年もの期間を要しました。長期にわたった立法不作為状態を克服できたのは、衆議院憲法調査会(2000〜05年)における各党・会派間の幅広い合意形成の努力が実った結果です。

■ 8-1-1 憲法施行後、直ちに制定されなかった国民投票法

　憲法は、1946年11月3日に公布され、翌47年5月3日に施行されました。1-1で解説したとおり、憲法自体が将来の憲法改正を想定していたとすれば、半ば建前論ですが、憲法が施行される1947年5月3日に間に合うよう、国民投票法を制定しておくべきだったといえます(同日、国会法、内閣法、裁判所法など24本の附属法が施行されましたが、その中に国民投票法は含まれていませんでした)。実際、国民投票法が制定されたのは2007年5月のことで、憲法施行から60年が経過していました。

　憲法の施行後、国民投票法の制定に向けた動きは、紆余曲折を経ます。その動きはまず、政府内で始まっています。法整備の検討を進めていた選挙制度調査会(第3次)は1952年12月2日、「日本国憲法の改正に関する国民投票制度要綱」を吉田茂総理(当時)に答申しました。自治庁(当時)はその内容を踏まえ、「日本国憲法改正国民投票法案」を作成し、1953年2月11日に公表しています。

　しかし、政府は、国民投票法を制定することが「憲法改正を即時に断行する」と誤解されるおそれが生じるとして、法案公表のわずか2日後、国会提出を見送る判断をしました(1953年2月13日)。このときの法案提出の頓挫が、政治的に重い後遺症となったのです。

　そして、後の半世紀以上にわたって、憲法改正の是非をめぐる議論と同様、国民投票法の制定それ自体がイデオロギー性を帯びた案件となり、国会・政府において「タブー視」されるようになってしまいました。

■ 8-1-2　立法契機となった、衆議院憲法調査会「報告書」

　国民投票法の制定の機運が再び高まったのは、戦後60年に当たる2005年を迎えてのことでした。同年4月15日、衆議院憲法調査会（中山太郎会長）が5年間にわたる調査結果をまとめた『衆議院憲法調査会報告書』の中で、「（国民投票法を）早急に整備すべきであるとする意見が多く述べられた」と意見集約したことが、その実質的な合意形成の出発点となったのです。

　郵政民営化の賛否が主争点となった第44回衆議院議員総選挙を経て、第163回国会（特別会）が召集されました（2005年9月21日）。衆議院には憲法調査会の後継組織となる「日本国憲法に関する調査特別委員会」が設置され、国民投票法制の総論・各論について、各党・会派間の合意形成が本格的にスタートしました。

　当時の特筆すべき事情としては、憲法調査特別委員会の与野党委員が2005年11月、オーストリア、スロバキア、スイス、スペインおよびフランスの5か国の国民投票制度の調査に赴いたほか、同委員会の理事懇談会において、2006年3月から5月にかけて計7回、国民投票法制の論点整理が網羅的、集中的に行われていたことが挙げられます。

● (衆)憲法調査特委・理事懇談会の開催経過

	年月日	内容	時間
1	2006.3.30	◎論点整理一覧表の配付、法制局説明 （次回までに各会派が意見を出すことに）	1時間45分
2	2006.4.06	◎各会派の意見を踏まえた論点整理一覧表（改訂版）の配付、法制局説明	13分
3	2006.4.13	◎論点整理一覧表（改訂版）に関して、各会派からの意見聴取	2時間05分
4	2006.4.20	◎前回の議論をまとめた資料である論点整理対比表を配付、法制局説明 ◎論点整理対比表について議論	1時間36分
5	2006.4.27	◎論点整理対比表（第2版）の配付、法制局説明 ◎論点整理対比表（第2版）に関して各会派からの意見聴取	1時間50分
6	2006.5.11	◎論点整理対比表（第3版）について議論	1時間25分
7	2006.5.18	◎論点整理対比表（第4版）の配付、法制局説明 ◎今後の論点整理のあり方について議論	30分
		（計）	9時間24分

8-1-3 「幅広い合意」という立法の礎

　国民投票法は、法律という形式である以上、「議員の数の力」を頼りに与党会派だけで成立を図ることも不可能ではありませんでした（憲法第56条、第59条第1項）。

　しかし、①国の最高法規（憲法第98条第1項）である憲法の改正手続を定め、国民主権主義に直結するという法律の重要な性格を無視できないこと、②何より、憲法改正の発議は与党会派だけでは不可能（基本的には単独で「総議員の3分の2以上」という要件を超えられない）であり、国民投票法の整備が将来の発議のテストケースと位置づけられていたことなどを踏まえ、理事懇談会に臨んだ議員は、党派性が染み付くことがないよう、全会派が一致した形（ないし、限りなくそれに近い状態）で国民投票法の制定を実現することを模索し、真摯に追求していました。与野党会派が国民投票法案を「共同提出」することを暗黙の了解事項とし、期限を切ることなく合意形成を進めていたのです。

　理事懇談会に臨むに当たり、各党・会派は個別に国民投票法制の論点整理ないし法案大綱の作成などを進めていた時期でもありましたが、少なくとも理事懇談会の場では、「法案の単独提出は、百害あって一利なし」との共通認識が根付いていました。

　しかし、このような協調路線を脇に置いて、与野党双方で国民投票法の制定を「政局化」させる（各党・会派にとって有利か不利かを測り、政治的な行動に出る）策動が収まりきらず、国民投票法案を共同提出する構想はいったん、破談となってしまったのです。

　この結果、2006年5月26日、衆議院会派の自由民主党、公明党が共同して「日本国憲法の改正手続に関する法律案」（第164回国会衆法第30号）を、民主党・無所属クラブが「日本国憲法の改正及び国政における重要な問題に係る案件の発議手続及び国民投票に関する法律案」（第164回国会衆法第31号）を提出しました。この時点で両案には、㋐国民投票権年齢（18歳以上か、20歳以上か）、㋑国民投票の対象（憲法改正に限るか、重要な国政問題の案件も対象とするか）、㋒過半数の意義（その分母は投票総数か、有効投票数か）などの論点で相違が見られました。

　第166回国会（常会、2007年1月25日召集）に入り、両案の「一本化」を目指す動きもみられましたが、「政局化」の策動が再び巻き起こり、結実しませ

んでした。

　最終的には、自由民主党、公明党が両案を併合して修正する案（自公併合修正案）を提出し（2007年3月27日）、衆議院で可決の上（同年4月13日）、参議院で可決、成立しました（同年5月14日）。成立した国民投票法は同年5月18日に公布され、3年後の2010年5月18日に全面施行されました。

　なお、立法過程の最終段階において、民主党・無所属クラブが衆法第31号の修正案を自公併合修正案の対案として提出しています（2007年4月10日）。参議院会派の民主党・新緑風会も、衆議院段階の修正案とほぼ同内容の法案を提出しています（同年5月8日）。最終的には、自公併合修正案との間で5つの対立論点が残りました（表）。

●自公併合修正案と民主案の対立論点

	自公併合修正案	民主案
1. 一般的国民投票の検討	法律の附則に規定（憲法改正問題予備的国民投票）	法律の本則に規定（国政問題国民投票）
2. 18歳国民投票権の実現	経過期間（3年）を置く	経過期間を置かない
3. 公務員の政治的行為の禁止規定	適用除外規定を置かない（附則で検討事項として定める）	適用除外規定を置く
4. 政党等に対する新聞広告無料枠	認める	認めない
5. 広告放送（国民投票運動CM）規制	投票期日14日前から投票期日までの間、禁止とする	発議の日から投票期日まで全面禁止とする

※参議院民主案（2007年5月8日提出）はさらに、①国民投票で一度否決された憲法改正案を再度発議することには熟慮を要すること、②合同審査会の運営の経過に関して、各議院の憲法審査会長が適宜報告すること、を盛り込んでいた。

■ 8-1-4　参院憲法調査特委の附帯決議

　参議院日本国憲法に関する調査特別委員会は、自公併合修正案の採決後、18項目に及ぶ附帯決議を付しています（2007年5月11日、本会議採決の3日前）。各項目の内容と対応状況は、表のとおりです（見出しは筆者が付しました）。

8-1 ● 政党間の合意形成と2007年の法制定

	項目	対応状況
1	【国民投票の対象拡大】 国民投票の対象・範囲については、憲法審査会において、その意義及び必要性の有無等について十分な検討を加え、適切な措置を講じるように努めること。	検討中(第1次改正法附則第5項にも明記)。
2	【年齢条項の見直し】 成年年齢に関する公職選挙法、民法等の関連法令については、十分に国民の意見を反映させて検討を加えるとともに、本法施行までに必要な法制上の措置を完了するように努めること。	施行に後れたが、選挙権年齢、成年年齢等の引き下げが行われた。
3	【内容関連事項の判断】 憲法改正原案の発議に当たり、内容に関する関連性の判断は、その判断基準を明らかにするとともに、外部有識者の意見も踏まえ、適切かつ慎重に行うこと。	実際に原案が提出される際に検討される。
4	【期日に関する両院の調整】 国民投票の期日に関する議決について両院の議決の不一致が生じた場合の調整について必要な措置を講じること。	検討中(ただし、実際には想定し難い事態である)。
5	【同日の官報掲載】 国会による発議の公示と中央選挙管理会による投票期日の告示は、同日の官報により実施できるよう努めること。	実際に発議があった場合に対応する。
6	【最低投票率制度の検討】 低投票率により憲法改正の正当性に疑義が生じないよう、憲法審査会において本法施行までに最低投票率制度の意義・是非について検討を加えること。	施行までに検討は行われなかった。
7	【在外投票】 在外投票については、投票の機会が十分に保障されるよう、万全の措置を講じること。	実際に発議があった場合に対応する。
8	【広報協議会の運営】 国民投票広報協議会の運営に際しては、要旨の作成、賛成意見、反対意見の集約に当たり、外部有識者の知見等を活用し、客観性、正確性、中立性、公正性が確保されるように十分に留意すること。	実際に広報協議会が設置された場合に対応する。
9	【公報の配布等】 国民投票公報は、発議後可能な限り早期に投票権者の元に確実に届くように配慮するとともに、国民の情報入手手段が多様化されている実態にかんがみ、公式サイトを設置するなど周知手段を工夫すること。	実際に広報協議会が設置された場合に対応する。
10	【白票数の公表】 国民投票の結果告示においては、棄権の意思が明確に表示されるよう、白票の数も明示するものとすること。	実際に結果告示が行われる際に対応する。
11	【公務員等の地位利用】 公務員等及び教育者の地位利用による国民投票運動の規制については、意見表明の自由、学問の自由、教育の自由等を侵害することとならないよう特に慎重な運用を図るとともに、禁止される行為と許容される行為を明確化するなど、その基準と表現を検討すること。	実際に発議がなされる際に、政府がガイドラインを作成するなどして対応する。

	項目	対応状況
12	【罰則の明確化】 罰則について、構成要件の明確化を図るなどの観点から検討を加え、必要な法制上の措置も含めて検討すること。	検討中。
13	【広告放送規制】 テレビ・ラジオの有料広告規制については、公平性を確保するためのメディア関係者の自主的な努力を尊重するとともに、本法施行までに必要な検討を加えること。	施行に後れたが、民放連は2019年3月、「CM考査ガイドライン」を公表している。
14	【罰則の適用】 罰則の適用に当たっては、公職選挙運動の規制との峻別に留意するとともに、国民の憲法改正に関する意見表明・運動等が萎縮し制約されることのないよう慎重に運用すること。	実際に発議が行われた場合に対応する。
15	【発議凍結期間中の調査】 憲法審査会においては、いわゆる凍結期間である3年間は、憲法調査会報告書で指摘された課題等について十分な調査を行うこと。	発議凍結期間中、参議院に憲法審査会は設置されず、調査は行われなかった。
16	【憲法審査会の審査手続等】 憲法審査会における審査手続及び運営については、憲法改正原案の重要性にかんがみ、定足数や議決要件等を明定するとともに、その審議に当たっては、少数会派にも十分配慮すること。	憲法審査会規程、先例に基づき対応している。
17	【国民への情報提供等】 憲法改正の重要性にかんがみ、憲法審査会においては、国民への情報提供に努め、また、国民の意見を反映するよう、公聴会の実施、請願審査の充実等に努めること。	参議院ウェブサイト等で運営、審査に関する情報が公開されている。
18	【合同審査会】 合同審査会の開催に当たっては、衆参各院の独立性、自主性にかんがみ、各院の意思を十分尊重すること。	実際に合同審査会が開催される場合に対応する。

8-2

施行準備等に費やされた予算

> **ポイント**
>
> 国民投票法の施行準備のため、国は2008年度から10年度にかけて、約60億円の予算を執行しました。投票人名簿システムの構築が、主な使途です。

■ 8-2-1　約60億円を要した施行準備

　国民投票法は2007年5月14日に成立し、同18日に公布され、公布の日から3年が経過した2010年5月18日に全面施行されました（2007年制定法附則第1条）。この3年間は、国民投票法の全面施行に向けた「準備期間」という位置付けとなりました。2010年5月18日以降は、制度として存在する国民投票がいつ執行されてもおかしくない状態となるため、国、自治体において必要な行政対応が求められたのです。政府は、そのための施行準備を万全に済ませる必要が生じました。2008年度から2010年度までの3か年度にかけて、「国民投票制度の施行準備」の名目で、国の予算として約60億円が費やされています。表はその内訳です。

●国民投票制度準備等関係経費

	2008年度	
予算額	7,200万円	
執行額	2,600万円	
（内訳）	投票人名簿システムの構築	800万円
	リーフレット500万部作製、ホームページの構築	1,800万円
	2009年度	
予算額	46億9,400万円	
執行額	44億4,100万円	
（内訳）	投票人名簿システム構築交付金	44億3,000万円
	投票人名簿システムに係る監査	600万円
	投開票速報システムの構築	500万円
	2010年度	
予算額	21億2,300万円（※鳩山内閣による、予算組み替え後の数値）	
執行額	15億2,800万円	
（内訳）	投票人名簿システム構築交付金	15億2,800万円

執行額の合計は、59億9500万円となります。その大半は、投票人名簿システムの構築に充てられました。

　投票人名簿システムとは、国民投票を執行することとなった場合に、国民投票法が定める有権者の要件（年齢18歳以上など）を充たす者を抽出し、確定させ、投票所入場券の発送等を管理するためのものです。システムは、国ではなく、全国の市区町村が運用しています。このため、施行準備期間には、国から都道府県を通じ、すべての市区町村に対する交付金として予算が投じられました。投票人名簿システムは現在、全国すべての市区町村で運用可能な状態にあります。

8-3

2010年に生じた不完全施行状態

> **ポイント**
>
> 国民投票法は2010年5月18日に全面施行されたものの、その時点で、(1)国民投票権年齢(18歳以上か、20歳以上か)、(2)公務員が行う賛否の勧誘行為等の範囲(法的にどこまで許容されるのか)が確定せず、不完全な施行状態に陥りました。

8-3-1 不完全施行の原因① 国民投票権年齢の不確定問題

　第一の原因は、国民投票権年齢が18歳以上か、20歳以上か、いずれにも確定しない状態に陥ったことです。この原因を突き止めるカギは、2007年制定法の本則第3条および附則第3条です。

> 第3条【投票権】
> 　日本国民で年齢満18年以上の者は、国民投票の投票権を有する。
> 附則第3条【法制上の措置】…現在は削除
> ① 国は、この法律が施行されるまでの間に、年齢満18年以上満20年未満の者が国政選挙に参加することができること等となるよう、選挙権を有する者の年齢を定める公職選挙法、成年年齢を定める民法その他の法令の規定について検討を加え、必要な法制上の措置を講ずるものとする。
> ② 前項の法制上の措置が講ぜられ、年齢満18年以上満20年未満の者が国政選挙に参加すること等ができるまでの間、第3条、第22条第1項、第35条及び第36条第1項の規定の適用については、これらの規定中「満18年以上」とあるのは「満20年以上」とする。

　本則の第3条は「18歳国民投票権」を定めていますが、「無条件に実現する」ことは想定していませんでした。附則第3条第1項が定めるとおり、施行されるまでの間(2010年5月17日までの間)に、選挙権年齢、成年年齢、その他の法定年齢に関して必要な検討を加え、18歳選挙権、18歳成年等を実現することがその「前提条件」となっていたのです。

　そして附則第3条第2項は、第1項に定める法制上の措置が講じられ、18

歳選挙権、18歳成年等が実現するまでの間、本則第3条が定める18歳国民投票権を「20歳国民投票権」と読み替える経過措置を定めていました。

　この点、第1項が定める法整備期間（2007年5月18日から2010年5月17日までの3年間）において、改正公職選挙法（18歳選挙権）、改正民法（18歳成年）等の公布から施行まで、制度周知などのために一定の期間が置かれます。改正公職選挙法、改正民法等の施行日が、前記の法整備期間内に収まる可能性もゼロではありませんが、むしろ期限（2010年5月18日）を超えるであろうと、当時は想定されたのです。つまり、当該施行日までの間、20歳選挙権、20歳成年等のままですが、2010年5月18日を以て18歳国民投票権としてしまう（先に実現してしまう）と、これらの法定年齢との間に「二歳の較差」が生じてしまうのです。

　そこで、2010年5月18日以降、改正公職選挙法、改正民法等の施行日までの間は経過措置として「20歳国民投票権」とし（18歳国民投票権の実現を先行させない）、国民投票権年齢、選挙権年齢、成年年齢等が不一致になる期間が生じないようにする措置を定めていたのです。

　2007年制定法附則第3条の意義は前述のとおりですが、第1項の法整備期間内に、18歳選挙権、18歳成年等は実現しませんでした。同時に、第2項の「前項の措置が講じられ」という前提条件も成り立たなくなり（実際、措置は講じられていない）、「20歳国民投票権」と読み替えることもできなくなってしまいました。

　結局、国民投票権年齢は、18歳以上か、20歳以上か、いずれにも確定しない状態に陥ってしまったのです（4-3-1の図を確認して下さい）。

■ 8-3-2　不完全施行の原因②　公務員が行う賛否の勧誘行為等の法的許容範囲の未確定

　第二の原因は、公務員（国、地方）が行う賛否の勧誘行為（国民投票運動）等の法的な許容範囲に関する検討が行われず、どのような行為が「許され」、どのような行為が「許されない」のか、区分が不確かな状態に陥ったことです。この原因については、2007年制定法の附則第11条から読み解いていきます。

> 附則第11条（公務員の政治的行為の制限に関する検討）…現在は削除
> 国は、この法律が施行されるまでの間に、公務員が国民投票に際して行う憲法改正に関する賛否の勧誘その他意見の表明が制限されることとならないよう、公務員の政治的行為の制限について定める国家公務員法、地方公務員法その他の法令の規定について検討を加え、必要な法制上の措置を講ずるものとする。

　そもそも、国・地方を問わず、「公務員が国民投票に際して行う憲法改正に関する賛否の勧誘その他の意見の表明」は、憲法第21条第1項が保障する言論・表現の自由の保障の下にあることは言うまでもありません。公務員は「全体の奉仕者」（憲法第15条第2項）であり、個々に政治的中立性が求められるゆえ、一定の政治的目的（特定の政党を支持する等）に基づく政治的行為（投票の勧誘運動等）を法律で禁止することは憲法上許容されるという判例法理が定着していますが、公務員が行う国民投票運動はその「奉仕者」としての属性が影響する以前に、主権者としての根本的地位に基づくものであり、その自由は可及的に保障されるべきです。

　5-1、5-2、5-3で解説していますが、国民投票法は、公務員の国民投票運動に関して、投票事務関係者や特定公務員によるもののほか（第101条、第102条）、公務員としての地位を利用する態様のものを禁止するのみであり（第103条第1項）、基本的には国民投票運動等の自由を可及的に保障する立場を採っています。

　しかし、国民投票法の制定当時、すでに存在する公務員法（国家公務員法、地方公務員法等）で定められている政治的行為の制限規定の適用関係をめぐって、次の2つの問題が指摘されていました。

　第一は、署名行為等を伴わない純粋な賛否の勧誘行為を想定した場合、国家公務員は許される一方、地方公務員は許されないという制度上の「不均衡」が生じることです。

　この点、地方公務員法第36条第2項本文は「…公の選挙又は投票において特定の人又は事件を支持し、又はこれに反対する目的をもって、次に掲げる政治的行為をしてはならない」とし、同条項第1号は「公の選挙又は投票において投票をするように、又はしないように勧誘運動をすること」と定めています。同条項に出てくる「公の投票」は、元々は住民投票が念頭に置かれたも

のですが、憲法改正国民投票を含むと解する余地があるのです。この解釈を当てはめると、地方公務員が行う前記の純粋な賛否の勧誘行為は「禁止」されることになります。

他方、国家公務員の場合ですが、国家公務員法が委任する人事院規則14-7において一定の政治的目的の下でなされる政治的行為が規制されますが、同規則第5項各号が定める政治的目的においても、第6項各号が定める政治的行為においても「公の投票」ないし「国民投票」という文言が存しません。つまり、国家公務員による純粋な賛否の勧誘行為は「許される」ことになります。

さらに、憲法改正案に対する意見表明は、国家公務員法（人事院規則）、地方公務員法において禁止されません。まとめると表のようになります（制定時）。

●国民投票運動等の許容性に関する国家公務員と地方公務員の比較（制定時）

	国家公務員	地方公務員
憲法改正案に対する意見表明	○許される	○許される
純粋な賛否の勧誘行為（公務員としての地位を利用せず、署名活動等を伴わない態様のもの）	○許される（人事院規則に規制条項なし）	×許されない（「公の投票」における賛否の勧誘行為（地方公務員法第36条第2項）に該当する）

第二は、第一で解説した国家公務員と地方公務員との間の不均衡を解消するべく、地方公務員が行う純粋な賛否の勧誘行為を容認するための法整備を行ったとしても、さらに、その「外延部分」に関わる問題が存在したことです。

すなわち、国家公務員、地方公務員いずれにおいても、賛否の勧誘行為に付随させたり、便乗する形で、公務員法制で禁止されている一定の政治的目的の下での政治的行為が行われるおそれがあるのです。賛否の勧誘行為という名目で一切の行為を容認してしまうと、公務員に求められる政治的中立性の確保の観点から問題となるケースが生じます。

この点、運動主体である公務員にとっては、それが法的に許容される賛否の勧誘行為に止まるものかどうか、必ずしも判然としない場合が現出します。法制上、政治的行為の制限規定が存在し、違反行為に対しては「罰則」ないし「懲戒処分」が科されることになります。法の解釈・適用について不明確な点

がある事実だけを以て、公務員一人ひとりに萎縮効果が及んでしまいます。

　2007年制定法附則第11条は、以上2つの問題をクリアするため、2010年5月17日までに、公務員が行う賛否の勧誘運動等に関して、「許される行為」と「許されない行為」を仕分けする法整備（国民投票法の一部改正）を国に命じた規定でした。しかし、そのための法整備は、期限までに実現しませんでした。

8-3-3　憲法審査会の未始動

　①②の原因を長く放置することになったのは、衆参両院で憲法審査会が始動しておらず、国民投票法の施行までに必要な法整備の工程について、国会の側でチェックが働かなかったことも大きく影響しています。

　憲法審査会は本来、「国民投票法の公布の日以後始めて召集される国会の召集の日」に設置され、運営をスタートさせなければなりませんでした（2007年制定法附則第1条ただし書）。つまり、国民投票法の公布日は2007年5月18日であることから、それ以後初めて召集される第167回国会（臨時会）の召集日（2007年8月7日）には衆参両院に設置され、運営をスタートさせなければならなかったのです。

　しかし、衆参いずれも、委員数や議事運営のあり方等を定める「憲法審査会規程」の議決が行われず、憲法審査会の始動そのものが政治問題化していた期間もありました。「憲法審査会規程」の議決を受けて実際に始動したのは、第179回国会（臨時会、2011年10月20日召集）のことです。結果として、国民投票法が不完全施行状態から脱するタイミングを大幅に遅らせてしまいました。

8-4

2014年改正(第1次)の概要

> **ポイント**
>
> 第1次改正法は2014年6月20日に公布、施行されました。改正法により、国民投票権年齢が「20歳以上」といったん確定し、その後の選挙権年齢、成年年齢等の法定年齢の引き下げに道筋が立ちました。また、公務員(国、地方)による「純粋な」国民投票運動、意見表明が許容されることが明確になりました。

■ 8-4-1 不完全施行からの脱却をめざした「8党合意」

　国民投票法は、2010年5月18日の全面施行日を以て、いったん不完全な施行状態に陥りました。国民投票権年齢が18歳以上か、20歳以上か、確定しないままでは国民投票を執行することができません。また、公務員(国、地方)が行う国民投票運動等の許容範囲が不明確なままでは、萎縮効果が及んでしまいます。不完全施行状態が続いたものの、憲法審査会の運営開始(2011年10月)、政権再交代(2012年12月)などが契機となり、それから脱却すべく、法改正に向けた検討が始まりました。

　対応方針を最も早く確定させ、実行に着手したのは、日本維新の会でした。同会(衆議院会派)は単独で2013年5月16日、国民投票法改正案(第183回国会衆法第14号)を提出しています。18歳国民投票権を先行確定させることなどを内容としていました。

　日本維新の会による提案が有力な梃子となり、その後、与党である自由民主党、公明党が同年12月18日、国民投票法改正の対応方針を確定したことで、各党・会派間の幅広い合意を形成する機運が興りました。

　2014年3月7日と20日の2回、全10党の実務者が参加する協議会が開かれ、国民投票法改正に関する論点整理と意見集約が行われました。協議の結果、国民投票法改正案の提出に賛成する8党(自由民主党、公明党、民主党、日本維新の会、みんなの党、結いの党、生活の党および新党改革)が次に示す「確認書」の内容に合意しています(2014年4月3日)。

8-4 ● 2014年改正(第1次)の概要

2014(平成26)年4月3日

確 認 書

　自由民主党、公明党、民主党、日本維新の会、みんなの党、結いの党、生活の党及び新党改革は、日本国憲法の改正手続に関する法律の一部を改正する法律案に関し、下記の項目について合意に至ったことを確認する。

記

(選挙権年齢の先行引き下げ)
1　選挙権年齢については、改正法施行後2年以内に18歳に引き下げることを目指し、各党間でプロジェクトチームを設置することとする。
　　また、改正法施行後4年を待たずに選挙権年齢が18歳に引き下げられた場合には、これと同時に、憲法改正国民投票の投票権年齢についても18歳に引き下げる措置を講ずることとする。

(第103条の罰則化の検討)
2　公務員等及び教育者の地位利用による国民投票運動の禁止規定の違反に対し罰則を設けることの是非については、今後の検討課題とする。

(地方公務員の政治的行為の制限強化)
3　地方公務員の政治的行為について国家公務員と同様の規制とすることについては、各党の担当部局に引き継ぐこととする。

(公務員が行う国民投票運動に対する配慮)
4　改正法施行に当たり、国民投票運動を行う公務員に萎縮的効果を与えることとならないよう、政府に対して、配慮を行うことを求める。

(一般的国民投票制度の検討)
5　一般的国民投票制度の在り方については、衆参の憲法審査会の場において定期的に議論されることとなるよう、それぞれの幹事会等において協議・決定する。

以上

(出典)衆議院憲法審査会事務局『衆憲資第89号 日本国憲法の改正手続に関する法律の一部を改正する法律案(船田元君外7名提出・第186回国会衆法第14号)に関する参考資料』(2014年)4頁。各項目の見出しは筆者が付した。

　8党の確認書に法的拘束力は認められませんが、その後の18歳選挙権法の整備に至る、各党協議の基本的な枠組みが形成された点は、特筆すべきものがあります。そして、2014年4月8日、衆議院7会派が共同し、国民投票法改正案(第186回国会衆法第14号)を提出しました。法案は、同年6月13日、参議院本会議で可決、成立し、同月20日に公布されました(法律第75号)。4

年1か月間続いた不完全施行状態は、ようやく正常回復に至ったのです。

8-4-2　2014年改正(第1次)の概要

2014年改正法の概要は、次に示すとおりです。

1　選挙権年齢等の18歳への引下げ関係
　(1)　国民投票の投票権年齢に係る経過措置規定等の削除及び検討条項の再規定
　　①　既に期限が徒過している憲法改正国民投票の投票権年齢に係る経過措置規定等(制定法附則3条)を削除する。
　　②　選挙権年齢等の引下げ(公職選挙法、民法等の改正)については、改めて、「改正法施行後速やかに、投票権年齢と選挙権年齢の均衡等を勘案し、必要な法制上の措置を講ずるものとする」旨の検討条項を、改正法附則に設ける。
　(2)　経過措置
　　改正法施行後4年を経過するまでの間、憲法改正国民投票の投票権年齢は「20歳以上」とする。
2　公務員の政治的行為に係る法整備関係
　(1)　純粋な勧誘行為及び意見表明についての国家公務員法等の特例並びに組織的勧誘運動の企画等に関する検討条項
　　①　公務員が行う国民投票運動については、賛成・反対の投票等の勧誘行為及び憲法改正に関する意見表明としてされるものに限り、行うことができる。ただし、当該勧誘行為が公務員に係る他の法令により禁止されている他の政治的行為を伴う場合は、この限りでない。
　　②　組織により行われる勧誘運動、署名運動および示威運動の公務員による企画、主宰および指導ならびにこれらに類する行為に対する規制の在り方については、「改正法施行後速やかに、公務員の政治的中立性および公務の公正性を確保する等の観点から、必要な法制上の措置を講ずるものとする」旨の検討条項を、改正法附則に設ける。
　(2)　特定公務員の国民投票運動の禁止
　　裁判官、検察官、公安委員会の委員および警察官は、在職中、国民投票運動をすることができないものとする。

その違反に対し、罰則（6月以下の禁錮または30万円以下の罰金）を設ける。
3　国民投票の対象拡大についての検討関係
○憲法改正問題についての国民投票制度に関する検討条項の再規定
憲法改正問題についての国民投票制度については、改めて、「その意義及び必要性について、更に検討を加え、必要な措置を講ずるものとする」旨の検討条項を改正法附則に設ける。
4　施行期日等
(1)　この法律は、公布の日から施行する。
(2)　その他所要の規定の整理を行う。

(出典)衆議院憲法審査会事務局『衆憲資第89号　日本国憲法の改正手続に関する法律の一部を改正する法律案(船田元君外7名提出・第186回国会衆法第14号)に関する参考資料』(2014年)2-3頁。

8-4-3　衆参憲法審査会の附帯決議

衆議院憲法審査会は2014年5月8日、第1次改正法案の採決の後、7項目に及ぶ附帯決議を行いました（各項目の見出しは筆者が付しました）。

	項目	対応状況
1	【選挙権年齢の先行引き下げ】 選挙権を有する者の年齢については、民法で定める成年年齢に先行してこの法律の施行後2年以内を目途に、年齢満18年以上の者が国政選挙等に参加することができることとなるよう、必要な法制上の措置を講ずること。	18歳選挙権法（2015年6月19日法律第85号）は、2016年6月19日に施行された。
2	【法定年齢引き下げに伴う周知啓発】 政府は、国民投票の投票権を有する者の年齢、選挙権を有する者の年齢、成年年齢等が「満18年以上」に引き下げられることを踏まえ、国民に対する周知啓発その他必要な措置を講ずるものとする。	周知啓発は、現在も継続して行われている。
3	【憲法教育等の充実】 政府は、遅くともこの法律の施行の4年後には年齢満18年以上の者が憲法改正国民投票の投票権を有することとなることに鑑み、学校教育における憲法教育等の充実を図ること。	学習指導要領の改訂等を踏まえ、憲法教育の充実が図られている。
4	【地位利用に対する罰則適用】 公務員等及び教育者の地位利用による国民投票運動の禁止規定の違反に対し罰則を設けることの是非については、今後の検討課題とすること。	検討中。
5	【地方公務員の政治的行為規制のあり方】 地方公務員の政治的行為について国家公務員と同様の規制とすることについては、各党の担当部局に引き継ぐものとすること。	各党担当部局への引き継ぎは完了している。

8-4 ● 2014年改正(第1次)の概要

	項目	対応状況
6	【公務員を萎縮させないための配慮】 政府は、この法律の施行に当たり、国民投票運動を行う公務員に萎縮的効果を与えることとならないよう、配慮を行うこと。	実際に憲法改正が発議された場合に、対応がなされる。
7	【国民投票の対象拡大】 憲法改正国民投票以外の国民投票については、この法律の附則第5項の規定を踏まえ、国会の発議手続、国民投票の手続、効力等に関し、本憲法審査会において検討し、結論を得るよう努めること。	憲法審査会における検討は進んでいない。

　また、参議院憲法審査会は2014年6月11日、第1次改正法案の採決の後、20項目に及ぶ附帯決議を行いました(各項目の見出しは筆者が付しました)。

	項目	対応状況
1	本法律の施行に当たり、憲法審査会においては、主権者たる国民がその意思に基づき憲法において国家権力の行使の在り方について定め、これにより国民の基本的人権を保障するという日本国憲法を始めとする近代憲法の基本となる考え方である立憲主義に基づいて、徹底的に審議を尽くすこと。	1から6までの項目は、当時の平和・安全法制(政府による憲法解釈の変更に伴う集団的自衛権の限定容認等)の整備を背景として、憲法の尊重擁護、立憲主義の意義の再確認を基本的に意図したものと解される。
2	本法律の施行に当たり、憲法審査会においては、日本国憲法の定める国民主権、基本的人権の尊重及び恒久平和主義の基本原理に基づいて、徹底的に審議を尽くすこと。	
3	本法律の施行に当たり、憲法審査会においては、日本国憲法の定める憲法の最高法規性並びに国民主権及び間接民主制の趣旨にのっとり、立法措置によって可能とすることができるかどうかについて、徹底的に審議を尽くすこと。	
4	本法律の施行に当たり、政府にあっては、憲法を始めとする法令の解釈は、当該法令の規定の文言、趣旨等に即しつつ、立案者の意図や立案の背景となる社会情勢等を考慮し、また、議論の積み重ねのあるものについては全体の整合性を保つことにも留意して論理的に確定されるべきものであり、政府による憲法の解釈は、このような考え方に基づき、それぞれ論理的な追求の結果として示されたものであって、諸情勢の変化とそれから生ずる新たな要請を考慮すべきことは当然であるとしても、なお、前記のような考え方を離れて政府が自由に当該解釈を変更することができるという性質のものではなく、仮に政府において、憲法解釈を便宜的、意図的に変更するようなことをするとすれば、政府の解釈ひいては憲法規範そのものに対する国民の信頼が損なわれかねず、このようなことを前提に検討を行った結果、従前の解釈を変更することが至当であるとの結論が得られた場合には、これを変更することがおよそ許されないというものではないが、いずれにせよ、その当否については、個別的、具体的に検討されるべきものであると政府自身も憲法の解釈の変更に関する審議で明らかにしているところであり、それを十分に踏まえること。	

8-4 ● 2014年改正(第1次)の概要

	項目	対応状況
5	本法律の施行に当たり、政府においては、前項に基づき、解釈に当たっては、立憲主義及び国民主権の原理に基づき、憲法規範そのものに対する国民の信頼を保持し、かつ、日本国憲法を国の最高法規とする法秩序の維持のために、取り組むこと。	
6	本法律の施行に当たっては、憲法の最高法規性及び国民代表機関たる国会の国権の最高機関としての地位に鑑み、政府にあっては、憲法の解釈を変更しようとするときは、当該解釈の変更の案及び第4項における政府の憲法解釈の考え方に係る原則への適合性について、国会での審議を十分に踏まえること。	
7	【選挙権年齢の先行引き下げ】 選挙権年齢については、民法で定める成年年齢に先行して本法律の施行後2年以内を目途に、年齢満18年以上の者が国政選挙等に参加することができることとなるよう、必要な法制上の措置を講ずること。	衆院決議1に同じ。
8	【選挙権年齢引き下げの意義】 選挙権年齢に係る法制上の措置の検討に際しては、憲法前文において国民主権と間接民主制の原理をともに人類普遍の原理として位置付けていること等を十全に踏まえて取り組むこと。	衆院決議1に同じ。主権者教育の中でも触れられている。
9	【法定年齢引き下げに伴う周知啓発】 政府は、憲法改正国民投票の投票権を有する者の年齢、選挙権を有する者の年齢、成年年齢等が「満18年以上」に引き下げられる場合、国民に対する憲法改正手続や国民投票制度について、より一層の周知啓発その他必要な措置を講ずるものとすること。	衆院決議2に同じ。
10	【憲法教育等の充実、深化】 政府は、遅くとも本法律の施行の4年後には年齢満18年以上の者が憲法改正国民投票の投票権を有することとなることに鑑み、学校教育における憲法教育等の充実及び深化を図ること。	衆院決議3に同じ。
11	【地位利用が禁止される場合の明確化】 政府は、公務員等及び教育者の地位利用による国民投票運動の規制について、表現の自由、意見表明の自由、学問の自由、教育の自由等を不当に侵害することとならないよう、ガイドラインを作成する等、禁止される行為と許容される行為を明確化するための必要な措置を講ずること。	検討中。
12	【地位利用に対する罰則適用】 公務員等及び教育者の地位利用による国民投票運動の禁止規定の違反に対し罰則を設けることの是非については、今後の検討課題とすること。	衆院決議4に同じ。
13	【地方公務員の政治的行為規制のあり方】 地方公務員の政治的行為について国家公務員と同様の規制とすることについては、各党の担当部局に引き継ぐこととすること。	衆院決議5に同じ。

	項目	対応状況
14	【公務員を萎縮させないための配慮】 政府は、本法律の施行に当たり、国民投票運動を行う公務員に萎縮的効果を与えることとならないよう、配慮を行うこと。	衆院決議6に同じ。
15	【公務員による組織的運動等に対する規制】 本法律の附則第4項に定める組織により行われる勧誘運動等の公務員による企画等に対する規制の在り方について検討を行う際には、その規制の必要性及び合理性等について十全な検討を行うこと。	検討は行われていない。
16	【特定公務員の範囲の検証】 国民投票運動が禁止される特定公務員の範囲については、適宜検証を行うこと。	検討は行われていない。
17	【国民投票の対象拡大】 一般的国民投票制度については、本法律の附則第5項の規定を踏まえ、国会の発議手続、国民投票の手続、効力等に関し、憲法審査会において検討し、結論を得るよう努めること。	衆院決議7に同じ。
18	【最低投票率制度の意義等の検討】 最低投票率制度の意義・是非の検討については、憲法改正国民投票において国民主権を直接行使する主権者の意思を十分かつ正確に反映させる必要があること及び憲法改正の正当性に疑義が生じないようにすることを念頭に置き、速やかに結論を得るよう努めること。	検討は行われていない。
19	【広告放送のあり方】 テレビ・ラジオの有料広告については、公平性を確保するためのメディア関係者の自主的な努力を尊重しつつ、憲法改正案に対する賛成・反対の意見が公平に扱われるよう、その方策の検討を速やかに行うこと。	民放連は2019年3月、「CM考査ガイドライン」を公表している。
20	【制定法に対する附帯決議】本附帯決議で新たに付された項目を含め、日本国憲法の改正手続に関する法律制定時の附帯決議については、改めてその趣旨及び内容を十分に踏まえ、各項目を精査し、その実現のために必要な措置を講ずること。	各項目の精査は行われていない。

8-5

2021年改正(第2次)の概要

> **ポイント**
>
> 第2次改正法は2021年6月18日に公布、同年9月18日に施行されました。改正法により、期日前投票の弾力化、共通投票所の設置など7項目に関して、投票環境の向上等が図られました(公選法並びの改正)。また、同法附則には、施行後3年(2024年9月18日)を期限の目途として、さらなる検討、法整備を行う事項も明記されました(第3次改正への接続)。

8-5-1 公職選挙法の制度水準に合わせる必要

2014年改正(第1次)は、法の不完全施行状態から脱却する目的で行われたものですが、2021年改正(第2次)は、2016年、4度にわたって改正され、先行実現した公職選挙法の内容(投票環境の向上策等)を国民投票制度でも補充するために行われました。

そもそも、選挙権も国民投票権も、政治参加の権利として共通し、その投票環境において差異が生じることには、何ら合理性が認められません。また、実務の上でも、投票の周知啓発、投票・開票の手続など、かなりの部分が共通しています。仮に、選挙と国民投票が同一の期日に行われたり、運動期間が重なる事態になると、その差異があるために実務は混乱し、投票人は両制度間のアンバランスによる不利益を被ってしまいます。

改正案は、衆議院会派の自由民主党、公明党、日本維新の会および希望の党が2018年6月27日に共同提出したものの(第196回国会衆法第42号)、審査は滞り、第204回国会まで連続8回、閉会中審査(議案継続)となりました。法案はようやく2021年5月11日、衆議院本会議で修正議決、同年6月11日、参議院本会議で可決、成立し、同月18日に公布されました(法律第76号)。公布の日から起算して3か月を経過した日、すなわち2021年9月18日に施行されました(2021年改正法附則第1条本文、一部規定を除く)。

もっとも、立法過程を見れば、従来との違いが際立っています。2007年制定法、2014年改正法は、各党・会派間の幅広い合意に基づいて整備されたと評価できますが、2021年改正は十分な合意形成のプロセスを経たとは言い難く、特に衆議院段階では法案提出から実質的な審査に入るまで2年5

か月を要するなど、政局的な混乱が続きました。次回以降の改正に向けた議論の進め方、合意形成のあり方に、課題を残したといえます。

なお、国民民主党・無所属クラブ（衆議院会派）は2019年5月21日、政党等による広告放送・デジタル広告の禁止、国民投票運動収支の透明化などを柱とした独自の改正案を、前記の自公維希案の「対案」として提出しました（原口一博議員外2名提出・第198回国会衆法第9号）。第204回国会まで連続6回、閉会中審査となりましたが、同党は解散し、提出者3名全員が立憲民主党に異動した結果（2020年9月）、法案の取扱い方針が一貫しなくなるなどの障碍が重なりました。憲法審査会における審査は行われず、2021年10月14日、衆議院の解散により廃案となっています。

8-5-2　2021年改正（第2次）の概要

2021年改正法の概要は、次に示すとおりです。

一．投票環境向上のための公職選挙法改正並びの改正
1　投票人名簿等の縦覧制度の廃止及び閲覧制度の創設
　　投票人名簿及び在外投票人名簿の内容確認手段について、個人情報保護の観点から、従来の縦覧制度を廃止し、閲覧できる場合を明確化、限定した新たな閲覧制度を創設すること。
　・投票人名簿等の抄本の閲覧をできる事由を法律上明記すること。
　・閲覧を拒むに足りる相当な理由があると認められるときは、閲覧を拒むことができるものとすること。
　・不正閲覧対策に関する措置（罰則や過料を含む。）を法律上規定すること。
2　「在外選挙人名簿」の登録の移転の制度（出国時申請）の創設に伴う国民投票の「在外投票人名簿」への登録についての規定の整備
　　出国時に市町村の窓口で在外選挙人名簿への登録を申請できる制度（出国時申請）が新たに創設されたが、これを利用して、国民投票の投票日の50日前の登録基準日直前に出国した場合に、国民投票の在外投票人名簿に反映されない場合があり得るので、この「谷間」を埋めるための法整備を行うこと。
3　共通投票所の創設

投票の当日、市町村内のいずれかの投票区に属する投票人も投票することができる共通投票所を設けることができる制度を創設すること。
4　期日前投票関係
　①　期日前投票事由の追加
　　　期日前投票事由に「天災又は悪天候により投票所に到達することが困難であること」を追加すること。
　②　期日前投票所の投票時間の弾力的設定
　　　開始時刻(8時30分)の2時間以内の繰上げ、及び終了時刻(20時00分)の2時間以内の繰下げを可能とすること。
5　洋上投票の対象の拡大
　　外洋を航行中の船員について、ファクシミリ装置を用いて投票することができるようにする洋上投票制度について、①便宜置籍船等の船員、及び②実習を行うため航海する学生・生徒も対象とすること。
6　繰延投票の期日の告示の期限の見直し
　　天災等で投票を行うことができないとき又は更に投票を行う必要があるときに行う繰延投票の期日の告示について、少なくとも5日前に行うこととされていたものを少なくとも2日前までに行えば足りることとすること。
7　投票所に入場可能な子どもの範囲の拡大
　　投票所に入ることができる子供の範囲を、「幼児」から「児童、生徒その他の18歳未満の者」に拡大すること。

二. 施行期日等
1　施行期日
　　この法律は、公布の日から起算して3月を経過した日から施行すること。
2　適用区分
　　改正後の規定は、この法律の施行の日以後に登録基準日がある国民投票について適用し、この法律の施行の日前に登録基準日がある国民投票については、なお従前の例によること。
3　その他
　　その他所要の規定を整備すること。

(出典)衆議院憲法審査会事務局『衆憲資第96号　日本国憲法の改正手続に関する法律の一部を改正する法律案(細田博之君外7名提出、第196回国会衆法第42号)に関する参考資料』(2018年)4-5頁。

なお、法案の当初案は、郵便投票（国内）の対象を要介護5から要介護3まで拡大する内容を含めて検討されていましたが、提出予定会派の一部に異論が生じ、除外されています。

8-5-3　附則の検討条項

7-1等で解説しましたが、法案の修正により、次のような検討条項が置かれています（附則第4条）。この規定は、公布の日から施行されています（附則第1条ただし書）。

第4条【検討】　国は、この法律の施行後3年を目途に、次に掲げる事項について検討を加え、必要な法制上の措置その他の措置を講ずるものとする。
一　投票人の投票に係る環境を整備するための次に掲げる事項その他必要な事項
　イ　天災等の場合において迅速かつ安全な国民投票（日本国憲法の改正手続に関する法律（次号イにおいて「国民投票法」という。同号において同じ。）の開票を行うための開票立会人の選任に係る規定の整備
　ロ　投票立会人の選任の要件の緩和
二　国民投票の公平及び公正を確保するための次に掲げる事項その他必要な事項
　イ　国民投票運動等（国民投票法第100条の2に規定する国民投票運動又は国民投票法第14条第1項第1号に規定する憲法改正案に対する賛成若しくは反対の意見の表明をいう。ロにおいて同じ。）のための広告放送及びインターネット等を利用する方法による有料広告の制限
　ロ　国民投票運動等の資金に係る規制
　ハ　国民投票に関するインターネット等の適正な利用の確保を図るための方策

8-5-4　「3年」の法整備期間と憲法改正原案審査の「凍結」

附則第4条各号が掲げる事項に関して、検討の上、必要な法整備を行う目途として「3年」という期間が定められたことにより、この間、衆参の憲法審査会では国民投票法改正に関する議論が優先するのか（憲法改正に向けた具体的な各論の議論は保留となるのか）どうか、第2次改正法の成立時には、必ず

しも各党・会派間で意見の一致をみていませんでした。

　この点、まず指摘しなければならないのは、「3年」の間、憲法改正論議が法的に禁止されたわけではなく、国民投票法改正（第3次）に向けた議論と並行して（憲法審査会にテーマごとの小委員会を設けるなどして）、憲法改正原案の審査まで行うかどうかは別として、憲法改正論議を進めることは可能であったということです。

　また、附則第4条の規定に対応する法整備に、「3年」もの期間を要しなかったであろう点を指摘できます。第1号イ・ロに対応する法整備（国民投票法第76条、第49条の改正）は、内容が確定しているので、第2次改正法施行後の国会で遅滞なく行うことが可能でした。また、第2号イ・ロ・ハに対応する法整備に関しても、国民民主党・無所属クラブが2019年5月21日、衆議院に提出した法案の内容が、施策各論を網羅した例として十分参考となったはずです。

8-5-5　参院維新「修正案」のねらい

　日本維新の会（参議院会派）は、附則第4条の存在によって国会における憲法改正論議が停滞することを危惧し、2021年6月9日の参議院憲法審査会において、附則第4条に第2項を追加する修正（解釈規定）として、「前項の規定（第1項）は、国会が、同項に規定する措置が講ぜられるまでの間において、日本国憲法の改正案の原案について審議し、日本国憲法の改正の発議をすることを妨げるものと解してはならない。」とする案（動議）を提出しましたが、同日、否決されています。

　仮に、後の本会議も含めて参議院で修正議決すると、衆議院に回付され、衆議院の本会議で再び議決する必要が生じるため（国会法第83条等）、特に会期末では各党・会派の同意が困難な修正案であったといえます。

8-6

2024年に生じた不完全施行状態

> **ポイント**
>
> 2021年改正法附則第4条第1号の検討事項(公選法並びの改正)に対応する国民投票法改正案が2022年4月27日、衆議院に提出されました。しかし、成立には至らず(廃案)、検討・法整備の期限の目途(2024年9月18日)を徒過しています。国民投票法は現在、不完全な施行状態に再び陥っています。

8-6-1　第3次改正法案の概要

　8-5で解説したとおり、2021年改正法附則第4条【検討】は、「国は、この法律の施行後3年を目途に、次に掲げる事項について検討を加え、必要な法制上の措置その他の措置を講ずるものとする。」とし、具体的には、投票人の投票に係る環境を整備するための次に掲げる事項その他必要な事項(第1号イ・ロ)、「国民投票の公平及び公正を確保するための次に掲げる事項その他必要な事項」(第2号イ・ロ・ハ)を掲げています。

　このうち、第1号の検討事項に先行対応する趣旨で、衆議院会派の自由民主党、公明党、日本維新の会および有志の会は2022年4月27日、国民投票法改正案(第3次)を共同提出しています(第208回国会衆法第34号)。その概要は、次に示すとおりです(立法事実に関しては7-8-2で解説済みです)。

一．投票環境整備のための公職選挙法並びの改正
　1　開票立会人の選任に係る規定の整備
　　①　政党等は、開票立会人を、開票区の投票人名簿に登録された者に限らず、当該開票区の区域の全部または一部をその区域に含む市区町村の投票人名簿に登録された者の中から届け出ることができるものとすること。
　　②　都道府県の選挙管理委員会が市区町村の区域を分けて、または数市区町村の区域の全部もしくは一部を合わせて、開票区を設ける場合において、当該開票区を国民投票の期日前2日から国民投票の期

日の前日までの間に設けたときは市区町村の選挙管理委員会において、当該開票区を国民投票の期日以後に設けたときは開票管理者において、当該開票区の区域の全部または一部をその区域に含む市区町村の投票人名簿に登録された者の中から3人以上10人以下の開票立会人を選任し、直ちにこれを本人に通知し、開票に立ち会わせなければならないものとすること。

2　投票立会人の選任要件の緩和
　　市区町村の選挙管理委員会は、投票立会人を、投票区の投票人名簿に登録された者に限らず、国民投票の投票権を有する者の中から選任することができるものとすること。

3　FM放送の放送設備による憲法改正案の広報のための放送の追加
　　現行のAM放送（中波放送）の放送設備に加えて、FM放送（超短波放送）の放送設備によっても憲法改正案の広報のための放送をすることができるものとすること。

二．施行期日等
1　施行期日
　　この法律は、公布の日から起算して3月を経過した日から施行すること。ただし、一．3は、公布の日から起算して2年を超えない範囲内において政令で定める日から施行すること。

2　その他
　　その他所要の規定を整備すること。

(出典)衆議院憲法審査会事務局『衆憲資第99号　日本国憲法の改正手続に関する法律の一部を改正する法律案（新藤義孝君外6名提出、衆法第34号）に関する参考資料』(2022年)4頁を基に、筆者が一部修正した。なお、提出者は後に「逢沢一郎君外3名」に変更された。

　第3次改正法案は2022年4月27日、衆議院に提出され、翌28日、憲法審査会で趣旨説明が行われましたが、専ら国会対策上の理由から、その後の質疑には至っていません。第214回国会（臨時会、2024年10月1日召集）まで連続して閉会中審査の手続を経ましたが、衆議院の解散により廃案となりました（同年10月9日）。なお、2021年改正法附則第4条第2号に掲げる事項に関しては、法案の準備さえ整っていません。

　結局、検討事項に関する法整備は何一つ進捗せず、国民投票法は現在、不完全な施行状態に陥っています。

付録

国民投票法制関係年表

国民投票法制関係年表

国会回次	年月日	国民投票法制関係事項 (年齢条項の見直し、デジタルプラットフォーム規制関連の動き等を含む)
140	1997.5.3	憲法、施行50年
	5.23	憲法調査委員会推進議員連盟、発足(衆議院議員269名、参議院議員105名
145	1999.5.26	憲法調査委員連、「憲法調査推進議員連盟」と改称
147	2000.1.20	衆参両院に憲法調査会設置
153	2001.11.16	憲法調査推進議連、「国会法の一部を改正する法律案」「日本国憲法改正国民投票法案」(議連案)を公表
159	2004.4.21	国民投票法等に関する与党実務者会議(自民党・公明党)、初会合(同年11月30日まで計9回開催)
161	12.3	与党実務者会議、議連案の修正について合意(最初の自公案)
162	2005.4.15	(衆)憲法調査会、「衆議院憲法調査会報告書」を河野洋平議長に提出
	4.20	(参)憲法調査会、「参議院憲法調査会報告書」を扇千景議長に提出
	4.25	民主党、「憲法改正国民投票法制に係る論点とりまとめ案」を公表
163	9.21	社民党、「憲法改正国民投票法案について(案)」(論点整理)を公表
	9.22	(衆)日本国憲法に関する調査特別委員会、設置
164	2006.1.20	(衆)日本国憲法に関する調査特別委員会理事懇談会、国民投票法制の論点整理に関する初会合(同年5月18日まで計7回開催)
	4.18	国民投票法等に関する与党協議会、「日本国憲法の改正手続に関する法律案(仮称)骨子」を了承
	5.16	民主党憲法調査会衆参合同会議、「日本国憲法の改正及び国政における重要な問題に係る発議手続及び国民投票に関する法律案(仮称)・大綱(案)」を了承
	5.19	国民投票法与党協議会、「日本国憲法の改正手続に関する法律案・大綱(案)」を了承
	5.26	(衆)自民党・公明党、「日本国憲法の改正手続に関する法律案」を提出(保岡興治議員外5名提出・第164回国会衆法第30号)
	5.26	(衆)民主党・無所属クラブ、「日本国憲法の改正及び国政における重要な問題に係る案件の発議手続及び国民投票に関する法律案」を提出(枝野幸男議員外3名提出・第164回国会衆法第31号)
165	10.26	(衆)日本国憲法に関する調査特別委員会の下に、「日本国憲法の改正手続に関する法律案等審査小委員会」を設置.
	2007.1.25	(参)日本国憲法に関する調査特別委員会、設置
	3.27	(衆)自民党・公明党、衆法第30号・第31号の併合修正案を提出保岡興治議員外3名提出
	4.10	(衆)民主党・無所属クラブ、衆法第31号の修正案を提出枝野幸男議員外2名提出
	4.12	(衆)日本国憲法に関する調査特別委員会、併合修正案を可決
	4.13	(衆)本会議、併合修正案を可決(参議院に送付)
	5.3	憲法、施行60年
166	5.8	(参)民主党・新緑風会、「日本国憲法の改正及び国政における重要な問題に係る案件の発議手続及び国民投票に関する法律案」を提出(小川敏夫議員外4名提出・第166回国会参法第5号)
	5.11	(参)日本国憲法に関する調査特別委員会、併合修正案を可決(附帯決議18項目)
	5.14	(参)本会議、併合修正案を可決(成立)
	5.17	年齢条項の見直しに関する検討委員会、初会合
	5.18	国民投票法 公布(法律第51号)、一部施行(「3つの宿題」の始期等)
167	8.7	国民投票法、一部施行(国会法改正部分等)
168	11.1	年齢条項委員会、第2回会合
169	2008.2.13	鳩山邦夫法相、成年年齢の引下げについて法制審議会に諮問(第84号)
171	2009.2.12	年齢条項委員会、第3回会合
	6.11	(衆)本会議、「衆議院憲法審査会規程」を議決
173	10.28	法制審議会、「民法の成年年齢の引下げについての意見」を千葉景子法相に答申
174	2010.4.20	年齢条項委員会、第4回会合
	5.18	国民投票法、全面施行
177	2011.5.18	(参)本会議、「参議院憲法審査会規程」を議決
179	10.21	(衆・参)憲法審査会、初会合
180	2012.2.24	年齢条項委員会、第5回会合
183	2013.5.16	(衆)日本維新の会、「日本国憲法の改正手続に関する法律の一部を改正する法律案」を衆議院に提出(馬場伸幸議員外3名提出・第183回国会衆法第14号)
	6.5	年齢条項委員会、第6回会合

国会回次	年月日	国民投票法制関係事項 (年齢条項の見直し、デジタルプラットフォーム規制関連の動き等を含む)
185	10.18	年齢条項委員会、第7回会合
185閉	12.18	自民党・公明党、国民投票法改正案(与党案)の内容について合意
	2014.3.7	全党実務者協議(自民・公明・民主・維新・みんな・結い・共産・生活・社民・改革)、第1回会合
	3.12	自民党憲法改正推進本部、与党案の修正を決定
	3.20	全党実務者協議、第2回会合
	4.3	日本国憲法の改正手続に関する合同会議(自民・公明・民主・維新・みんな・結い・生活・改革)、5項目の「確認書」について合意
186	4.8	(衆)自民党外6会派、「日本国憲法の改正手続に関する法律の一部を改正する法律案」(第1次改正法案)を衆議院に提出(船田元議員外7名提出・第186回国会衆法第14号)
	4.10	(衆)憲法審査会、日本維新の会提出の「日本国憲法の改正手続に関する法律の一部を改正する法律案」の撤回を許可
	5.8	(衆)憲法審査会、第1次改正法案を可決(附帯決議7項目)
	5.9	(衆)本会議、第1次改正法案を可決(参議院に送付)
	6.11	(参)憲法審査会、第1次改正法案を可決(附帯決議20項目)
	6.13	(参)本会議、第1次改正法案を可決(成立)
	6.19	選挙権年齢に関するPT(自民党外7党)、初会合
	6.20	第1次改正法 公布(法律第75号)、施行
187	11.19	(衆)自民党外6会派、「公職選挙法等の一部を改正する法律案」(18歳選挙権法案)を提出(船田元議員外7名提出・第187回国会衆法第21号)※衆議院解散により廃案(11.21)
	2015.3.5	(衆)自民党外6会派、18歳選挙権法案を衆議院に再提出(船田元議員外7名提出・第189回国会衆法第5号)
	〃	自民党政調、成年年齢に関する特命委員会を設置
	6.2	(衆)政治倫理の確立及び公職選挙法改正に関する特別委員会、18歳選挙権法案を可決
	6.4	(衆)本会議、18歳選挙権法案を可決(参議院に送付)
189	6.15	(参)政治倫理の確立及び選挙制度に関する特別委員会、18歳選挙権法案を可決(附帯決議3項目)
	6.17	(参)本会議、18歳選挙権法案を可決(成立)
	6.19	18歳選挙権法 公布(法律第43号)
	9.16	(衆)民主党・無所属クラブ、「公職選挙法及び日本国憲法の改正手続に関する法律の一部を改正する法律案」を提出(黒岩宇洋議員外2名提出・第189回国会衆法第41号) ※2016.3.30 撤回許可
	9.17	自民党政調、「成年年齢に関する提言」を公表
190閉	2016.6.19	18歳選挙権法、施行
191閉	9.1	民法の成年年齢の引下げの施行方法に関する意見募集(~9.30)
193	2017.2.9	金田勝年法相、少年法上限年齢の引下げ等について法制審議会に諮問(第103号)
	5.3	憲法、施行70年
195	11.29	自民党若年成人の教育・育成に関する特命委員会、「成年年齢引き下げに関する提言」を公表
	2018.3.13	内閣、「民法の一部を改正する法律案」(18歳成年法案、閣法第55号)を国会提出
	3.16	さいたま市議会、「国民投票制度の改善に向けた取組を求める意見書」を可決
	5.25	(衆)法務委員会、18歳成年法案を可決
	5.29	(衆)本会議、18歳成年法案を可決(参議院に送付)
196	6.12	(参)法務委員会、18歳成年法案を可決(附帯決議10項目)
	6.13	(参)本会議、18歳成年法案を可決(成立)
	6.20	18歳成年法、公布(法律第59号)
	6.27	(衆)自民党外3会派、「日本国憲法の改正手続に関する法律の一部を改正する法律案」(第2次改正法案)を提出(細田博之議員外7名提出・第196回国会衆法第42号 ※後の議員変更により「逢沢一郎議員外5名提出」)
196閉	9.20	一般社団法人日本民間放送連盟(民放連)理事会、国民投票運動CMの量の自主規制を行わない方針を確認
197	11.2	民放連、「国民投票運動CMの「自主規制」に関する考え方について」を公表
197閉	12.20	民放連、「憲法改正国民投票運動の放送対応に関する基本姿勢」を公表
	2019.3.20	民放連、「国民投票運動CMなどの取り扱いに関する考査ガイドライン」を公表
198	5.21	(衆)国民民主党・無所属クラブ、「日本国憲法の改正手続に関する法律の一部を改正する法律案」を提出(原口一博議員外2名提出・第198回国会衆法第9号) ※衆議院解散により廃案(2021.10.14)

国民投票法制関係年表

国会回次	年月日	国民投票法制関係事項 (年齢条項の見直し、デジタルプラットフォーム規制関連の動き等を含む)
200	2019.12.9	自民党内閣部会成人式WG、提言を森雅子法相に提出
201	2020.3 (持ち回り開催)	成年年齢引下げを見据えた環境整備に関する関係府省庁連絡会議・成人式の時期や在り方等に関する分科会、「成人式の時期や在り方等に関する報告書」を公表
	5.18	国民投票法、全面施行10年
201閉	7.30	与党・少年法検討PT、「少年法のあり方についての与党PT合意(基本的な考え方)」を了承
	9.9	法制審議会少年法・刑事法(少年年齢・犯罪者処遇関係)部会、答申案を決定
203	10.29	法制審議会、少年法上限年齢の引下げ等について上川陽子法相に答申
	2021.2.19	内閣、「少年法等の一部を改正する法律案」を国会提出(閣法第35号)
	4.16	(衆)法務委員会、少年法等改正法案を可決(附帯決議5項目)
	4.20	(衆)本会議、少年法等改正法案を可決(参議院に送付)
	4.23	自民党競争政策調査会、「デジタル広告市場の健全な発展のためのルール整備のあり方」(提言)を公表
	4.27	内閣官房デジタル市場競争会議、「デジタル広告市場の競争評価 最終報告」を公表
	5.6	(衆)立憲民主党・無所属、第2次改正法案の修正案(動議)を提出
204	〃	(衆)憲法審査会、第2次改正法案を修正議決
	5.11	(衆)本会議、第2次改正法案を修正議決(参議院に送付)
	5.20	(参)法務委員会、少年法等改正法案を可決(附帯決議8項目)
	5.21	(参)本会議、少年法等改正法案を可決(成立)
	5.28	少年法等改正法、公布(法律第47号)
	6.9	(参)日本維新の会、衆議院送付案の修正動議を提出(同日否決)
	〃	(参)憲法審査会、衆議院送付案を可決
	6.11	(参)本会議、衆議院送付案を可決(成立)
204閉	6.18	第2次改正法、公布(法律第76号)※附則第4条は即日施行
	9.18	第2次改正法、施行
	2022.3.8	(衆)憲法審査会、憲法第56条第1項の「出席」の解釈について、細田博之議長に報告
	4.1	18歳成年法、施行
208	〃	少年法等改正法、施行
	4.27	(衆)自民党外3会派、「日本国憲法の改正手続に関する法律の一部を改正する法律案」を衆議院に提出(新藤義孝議員外6名提出・第208回国会衆法第34号、後に「逢沢一郎君外3名」に提出者変更)※衆議院解散により廃案(2024.10.9)
210	10.3	経済産業省、特定デジタルプラットフォーム取引透明化法に基づく「特定デジタルプラットフォーム(デジタル広告分野)」に、グーグル、メタ、ヤフーの3社を指定
	2024.5.10	(参)本会議、情報流通プラットフォーム対処法案(第213回国会閣法第34号、衆議院修正)を可決(成立)
	5.17	情報流通プラットフォーム対処法、公布(法律第25号)
	5.22	AI戦略会議・第9回会合、「AI制度に関する考え方」を公表
213	5.24	自民党「著名人にせ広告・なりすまし等問題対策WT」等合同会議、「著名人ニセ広告等を利用したSNS型投資詐欺対策に関する提言」を取りまとめ
	6.18	(衆)日本維新の会・教育無償化を実現する会外1会派、「公職選挙法の一部を改正する法律案」を衆議院に提出(浦野靖人議員外3名提出・第213回国会衆法第31号)※衆議院解散により廃案(2024.10.9)
	7.5	自民党憲法改正実現本部WT、初会合
	7.16	総務省「デジタル空間における情報流通の健全性確保の在り方に関する検討会」、取りまとめ案を公表。※2024.7.20から8.20までパブリックコメント実施
213閉	8.5	自民党憲法改正実現本部WT、議論の取りまとめ(選挙困難事態における国会機能維持条項)
	8.30	自民党憲法改正実現本部WT、論点整理の取りまとめ(自衛隊明記、緊急政令)
	9.18	第2次改正法附則第4条各号に定める事項の検討、法整備の期限の目途(施行日2021.9.18から3年)
216閉	12.26	AI戦略会議・第12回会合、「中間とりまとめ」を了承
※	2026.11.3	憲法、公布80年
※	2027.5.3	憲法、施行80年
※	2027.5.18	国民投票法、公布20年
※	2030.5.18	国民投票法、全面施行20年
※	2031.10.21	(衆・参)憲法審査会、運営開始から20年

おわりに

■ 若き主権者への期待

　国民投票法の歴史を振り返れば、不完全施行状態に陥ったことは過去にもあります。そのため、必須、任意の課題を多く抱え、規範形成の途上にある現状に対して、特段の異常性を感じない方も少なくないでしょう。

　しかし、そもそも国民投票法は、憲法制定・改正の根幹である「国民主権主義」に直結しています。合意形成の努力を怠り、時宜必要な検討を放棄する一連の不作為（国会）は、国民主権を直接、動揺させるものです。主権者である私たちこそ、手続論、制度論が軽視され、将来世代に対して課題が淡々と先送りされる事態を見過ごさず、深刻に受け止めなければなりません。

　憲法改正の必要性を説く論調として、「憲法を時代に合わせる」という趣旨のことが言われますが、何より「時代に追い付いていない、旧態たる国民投票法制」をどう改革すべきか、という視点が肝要です。法制度は決して、自動・自律的に改良されることがありません。放置する分、時代との不整合が生じ、社会的要請に応えられなくなっていくばかりです。期限を切ることは容易ではないとしても、議論の熱量を維持することすら怠り、何重もの弁解に終始し、責任追及から狡猾に逃避し、時として言論空間の攪乱をも狙って「巧言令色」を弄ぶ政党、議員の態度には、この国の立憲政治の位相調整を担っているという矜持を感じ取ることができません。

　最後に、自戒を強く込めて述べますが、皆さんより上の世代は、国民投票法が存在しない時代を長く当たり前に過ごしてきたことが一因で、憲法改正に関して自らと異なる意見を批判、論破、ないし封殺する意欲は充分であるものの、幅広い合意形成を図る主体的な実践が足りません。令和期に入っても、憲法問題においては広く、根強く「対決志向」の論争が好まれますが、対決ありきは「百害あって一利なし」なのです。皆さんには、旧態たる思考パラダイムを放逐し、手続論、制度論にも精一杯のエネルギーを注ぎながら、立憲政治の健全な未来像をしっかり描いていただきたいと切に願うばかりです。皆さんの昂然たる態度、行動こそ、さらなる将来世代にとっての「軌範」です。

　「渇に臨みて井を穿つ。」この格言を噛み締めつつ、本書を締め括ります。

■著者紹介

南部　義典（なんぶ　よしのり）　国民投票総研 代表

1971年岐阜県生まれ。1995年京都大学文学部卒業。衆議院議員政策担当秘書、慶應義塾大学大学院法学研究科講師（非常勤）等を歴任。憲法改正手続法制、国会運営と立法過程、年齢関係法制とその社会的相関について研究、提言を行う。

○主要著書・監修

『教えて南部先生! 18歳から知っておきたい契約の落とし穴 高額寄附被害者救済二法』(C&R研究所)2024年
『18歳成人とキャリア教育』(共著、開発教育協会)2023年
『マンガde理解 ココが変わった!! 18歳成人 法律編｜生活編』(監修、理論社)2023年
『教えて南部先生! 18歳までに知っておきたい選挙・国民投票Q&A』(C&R研究所)2023年
『教えて南部先生! 18歳成人Q&A』(C&R研究所)2022年
『改訂新版 超早わかり国民投票法入門』(C&R研究所)2021年
『図解超早わかり18歳成人と法律』(C&R研究所)2019年
『9条改正論でいま考えておくべきこと(別冊法学セミナーNo.255)』(共著、日本評論社)2018年
『広告が憲法を殺す日』(共著、集英社新書)2018年
『18歳成人社会ハンドブック』(共著、明石書店)2018年
『18歳選挙権と市民教育ハンドブック 補訂版』(共著、開発教育協会)2017年
『Q&A解説 憲法改正国民投票法』(現代人文社)2007年

編集担当 ： 西方洋一 / カバーデザイン：秋田勘助(オフィス・エドモント)

教えて南部先生! 18歳から知っておきたい憲法改正国民投票法

2025年3月21日　初版発行

著　者	南部義典
発行者	池田武人
発行所	株式会社　シーアンドアール研究所 新潟県新潟市北区西名目所4083-6(〒950-3122) 電話　025-259-4293　　FAX　025-258-2801
印刷所	株式会社　ルナテック

ISBN978-4-86354-477-2　C2032

©Yoshinori Nambu, 2025　　　　　　　　　　　　Printed in Japan

本書の一部または全部を著作権法で定める範囲を越えて、株式会社シーアンドアール研究所に無断で複写、複製、転載、データ化、テープ化することを禁じます。

落丁・乱丁が万が一ございました場合には、お取り替えいたします。弊社までご連絡ください。